KOMPAKTWISSEN

Nachhaltige Entwicklung
Das Konzept und seine Umsetzung in der Schweiz

Reihe «Kompaktwissen CH»
Band 2

Daniel Wachter

KOMPAKTWISSEN
Nachhaltige Entwicklung
Das Konzept und seine Umsetzung
in der Schweiz

Rüegger Verlag

Bibliografische Information der Deutschen Bibliothek
Die Deutsche Bibliothek verzeichnet diese Publikation in der Deutschen Nationalbibliografie; detaillierte bibliografische Daten sind im Internet über http://dnb.ddb.de abrufbar.

www.rueggerverlag.ch
info@rueggerverlag.ch
ISBN-10: 3-7253-0850-0
ISBN-13: 978-3-7253-0850-7
Gestaltung: Rüegger Verlag Zürich
Druck: Südostschweiz Print AG, Chur

Inhaltsverzeichnis

Abbildungverzeichnis

Tabellenverzeichnis

Vorwort

Im deutschsprachigen Raum lag bislang keine synoptische Darstellung des Themas Nachhaltige Entwicklung mit Schweiz-Bezug vor. Als Leiter des Bereichs Nachhaltige Entwicklung im Bundesamt für Raumentwicklung wie als nebenberuflicher Dozent an der Universität Zürich habe ich eine solche Dokumentation stets vermisst. Als mich der Rüegger Verlag einlud, einen Band für die neu lancierte Reihe «Kompaktwissen CH» zu verfassen, habe ich deshalb gerne zugesagt. Denn diese Reihe bietet eine geeignete Plattform für eine Publikation, welche die wahrgenommene Lücke füllt. Ein so komplexes Thema wie die Nachhaltige Entwicklung in dem für diese Schriftenreihe vorgesehenen Umfang abzuhandeln, zwingt zu einer inhaltlichen Auswahl, Schwerpunktsetzungen und gewissen Abstrichen in Bezug auf Detaillierung und Vertiefung. Ich hoffe, einen guten Mittelweg zwischen Breite und Tiefe der Ausführungen gefunden zu haben.

Ich danke dem Rüegger Verlag für seine zuvorkommende und sorgfältige Betreuung der Herausgabe dieses Buches und hoffe, damit einen bescheidenen Beitrag zur weiteren Verbreitung und Verankerung der gesellschaftlichen Vision der Nachhaltigen Entwicklung in der Schweiz zu leisten.

Daniel Wachter
Bern, im Sommer 2006

1 Einführung

1.1 Übersicht

An Informationen zum Thema der Nachhaltigen Entwicklung mangelt es heute nicht. Die seit der UNO-Konferenz über Umwelt und Entwicklung in Rio de Janeiro 1992, dem wichtigsten Meilenstein der internationalen Nachhaltigkeitsdebatte, verfassten Publikationen zur allgemeinen Thematik oder zu Teilaspekten füllen mittlerweile Bibliotheken. Allerdings sind es gerade der Umfang und die wachsende Unübersichtlichkeit der Informationen, die dem nicht spezialisierten Publikum die Orientierung zunehmend erschweren. Der erste Hauptzweck der vorliegenden Publikation liegt daher darin, die wichtigsten Informationen zur Nachhaltigen Entwicklung in handlicher, aber doch hinreichend kommentierter Form zusammenzufassen, um den am Thema Interessierten einen raschen Überblick zu ermöglichen.

Bis heute gibt es im deutschsprachigen Raum keine Publikation, welche die allgemeine Nachhaltigkeitsdebatte systematisch mit der Diskussion und der Umsetzung in der Schweiz verknüpft. Der zweite Hauptzweck der Publikation liegt darin, diese Verknüpfungen zu vermitteln, indem bei allen Einzelthemen bzw. Kapiteln dieses Buches immer auch – in der Regel in einem abschliessenden Unterkapitel – danach gefragt wird, inwieweit sie für die Schweiz relevant sind und in welcher Art die schweizerische Politik oder Gesellschaft auf die Herausforderungen reagiert haben. Somit richtet sich die Publikation in erster Linie an eine schweizerische oder an der Schweiz interessierte Leserschaft, wenngleich die allgemeinen Ausführungen zur Nachhaltigen Entwicklung auch für ein breiteres Publikum von Interesse sein können.

Die unmittelbar anschliessenden Unterkapitel dieser Einführung fassen die Problematik der Nachhaltigen Entwicklung in geraffter Form zusammen. Angesichts der teilweise ausufernden Verwendung des Nachhaltigkeitsbegriffs in Wissenschaft, Politik oder Medien soll damit zu Beginn des Buches der Blick dafür geschärft werden, worum es bei der Nachhaltigen Entwicklung geht. Denn viele Begriffsverwendungen haben wenig mit der Problematik und der Konzeption zu tun, die an der Konferenz von Rio verhandelt wurden.

Das Kapitel 2 befasst sich danach mit verschiedenen in der Literatur anzutreffenden Nachhaltigkeitskonzepten oder –modellen und führt auch das heute in der Schweiz massgebende Modell des Bundesrates aus.
Nachhaltige Entwicklung ist ein komplexes, anspruchsvolles und keineswegs konfliktfreies Konzept. Eine vertiefte Auseinandersetzung mit dem Begriff wirft eine Reihe von theoretischen und umsetzungsbezogenen Fragen auf, die in Kapitel 3 erörtert werden. Es wird der Frage nach der ethischen Grundlegung der Nachhaltigkeitspolitik nachgegangen, das Verhältnis der Nachhaltigkeitsdimensionen Umwelt, Wirtschaft und Gesellschaft analysiert, es werden die Probleme der marktwirtschaftlich organisierten Wachstumswirtschaft, die anzustrebenden Zielgrössen z.B. in Bezug auf Energie- und Ressourcenverbrauch und die Einfluss- bzw. Erfolgsfaktoren einer erfolgreichen Nachhaltigkeitspolitik erörtert.
Nach diesen begrifflichen und theoretischen Klärungen gibt Kapitel 4 einen historischen Abriss über den internationalen Nachhaltigkeitsprozess sowie dessen Umsetzung in der Schweiz.
Die Nachhaltige Entwicklung als gesamtgesellschaftliche Vision und Leitidee verlangt in sehr vielen Themen, Politiken und Akteurgruppen Umsetzungsschritte; in Kapitel 5 werden beispielhaft einige diskutiert, die sowohl auf der internationalen als auch auf der nationalen Nachhaltigkeitsagenda hohen Stellenwert geniessen.
Kapitel 6 befasst sich mit dem methodischen Thema der Nachhaltigkeitsevaluation und legt dar, mit welchen Instrumenten die Nachhaltige Entwicklung generell und in der Schweiz gemessen, beurteilt und evaluiert werden kann.
Kapitel 7 schliesslich versucht eine Bilanz über den Grad der Nachhaltigkeit der Schweiz zu ziehen und führt Ansätze auf, welche die Schweiz auf einen nachhaltigeren Entwicklungspfad führen könnten.

1.2 Die Problematik der Nachhaltigen Entwicklung

Im Vorfeld der Rio-Konferenz setzte im Jahr 1987 die Weltkommission für Umwelt und Entwicklung, nach ihrer Vorsitzenden auch «Brundtland-Kommission» genannt, mit dem Bericht «Our Common Future» einen für das Verständnis der Nachhaltigen Entwicklung noch heute massgebenden Rahmen. Nach der Kommission (WCED 1987, S. 43) ist eine Entwicklung nachhaltig, wenn die heute lebenden Menschen ihre Bedürfnisse decken können, ohne den in Zukunft lebenden Menschen die Möglichkeit zu nehmen, ihre eigenen Bedürfnisse zu decken. Zentral seien dabei:

- das Konzept der Bedürfnisse, namentlich die Grundbedürfnisse der Armen dieser Welt,
- die Idee der Begrenzungen, d.h. dass die Umwelt weder unbegrenzt Ressourcen zur Verfügung stellen, noch die entstehenden Abfälle und Emissionen aufnehmen kann.

Nachhaltige Entwicklung zielt also auf ein menschenwürdiges Leben innerhalb der Tragfähigkeitsgrenzen der Biosphäre für alle Menschen, was zwangsläufig Gerechtigkeitsfragen aufwirft.

Von der leeren zur vollen Welt

Ausgangspunkt der Diskussion um die Nachhaltige Entwicklung war die ab den 1970er Jahren um sich greifende Sorge über die Belastbarkeit bzw. die vermutete Überbeanspruchung der Biosphäre durch den Menschen. Die Publikation des Buches «Die Grenzen des Wachstums» im Jahr 1972 löste zusammen mit der ersten Ölkrise von 1973 eine Debatte um die Grenzen der Ressourcenverfügbarkeit, namentlich von Energieressourcen, und der Aufnahmefähigkeit der Biosphäre für Abfälle und Emissionen aus. Als Folge der wirtschaftlichen Wachstumsphase nach dem Zweiten Weltkrieg und der Ausbildung der Massenkonsumgesellschaft in den Ländern des Nordens wurde die Abkoppelung des Menschen von der näheren natürlichen Umwelt immer deutlicher.

Dies lässt sich exemplarisch an der Schlüsselgrosse Energie veranschaulichen (Ponting 1991). Bis zur industriellen Revolution basierte das Wirtschaftssystem weltweit auf der Nutzung des Ertrages erneuerbarer Ressourcen im Rahmen von relativ abgeschlossenen dörflichen oder regionalen Selbstversorgungswirtschaften. In der Schweiz waren die drei wichtigsten Ressourcen der Wald für die Versorgung mit Bau- und Energieholz, das Ackerland für die Versorgung des Menschen mit Nahrungsmitteln sowie die Weide einerseits für die Versorgung des Menschen mit tierischem Eiweiss, andererseits für die Ernährung der Pferde, der wichtigsten Quelle mechanischer Energie. Eine gewisse Rolle in der Versorgung mit mechanischer Energie spielte zusätzlich die lokale Wasserkraftnutzung an Flussläufen für den Betrieb von Mühlen.

Wald und Boden wurden im Gegensatz zu heute nicht energie- und kapitalintensiv, sondern im Sinne tatsächlich erneuerbarer Ressourcen genutzt. Die vorindustrielle Agrargesellschaft war energetisch betrachtet ein reines Solarsystem, denn Wald und Boden wurden nur aufgrund der Sonnenenergie (Photosynthese) genutzt, mit dem Ziel eines möglichst günstigen Verhältnisses von Energieaufwand (menschliche und tierische Arbeitskraft) und Energie-(Ernte-)Ertrag. Es herrschte eine totale Flächenabhängigkeit in der Energie- und Ressourcenversorgung. Der überregionale Energie- und Materialaustausch war äusserst bescheiden. Dies setzte der wirtschaftlichen Entwicklung enge Grenzen.
Die Industrialisierung war mit einem stark gesteigerten Rohstoff- und Energieverbrauch verbunden. Es setzten verschiedene, mit ökologischen Belastungen verbundene Wachstumsprozesse ein. In der Agrarwirtschaft wurde das technologische und Produktivitätsniveau Schritt für Schritt erhöht. Mit dem Aufkommen von Mineraldüngern entwickelte sich die moderne Landwirtschaft mit ihrer starken Abhängigkeit von nicht erneuerbarer Energie. Die Landwirtschaft stützte sich zunehmend auf energieintensive Inputs ab (Maschinen, Dünger, Pestizide usw.). Was das Verhältnis von Energieeinsatz zu Energieertrag betrifft, lag in der vorindustriellen Landwirtschaft noch ein klar positiver Erntefaktor vor. Dieser begann sich mit der Industrialisierung zu verschlechtern und sogar ins Negative zu kehren. Weitere wesentliche Bestimmungsfaktoren des Ressourcen- und Energieverbrauches waren in späteren Phasen der wirtschaftlichen Entwicklung der Verkehr, das Bau- und Siedlungswesen sowie die Produktions- und Konsummuster. Zwischen 1950 und 2004 erhöhte sich das Welt-Bruttosozialprodukt von 7 auf 60 Trillionen US-Dollar. In ähnlichem Ausmass hat die weltweite Automobilproduktion von 8 Millionen Einheiten im Jahr 1950 auf 41 Millionen im Jahr 2000 zugenommen.
Energieseitig wurden die rohstoffverzehrenden und umweltbelastenden Wachstumsspiralen im Zuge der Ausbildung der Massenkonsumgesellschaft durch die Einführung neuer, nicht erneuerbarer Energiequellen in bisher ungeahntem Ausmass ermöglicht (Erdöl, Erdgas, Uran). Die Zufuhr externer Energiequellen führte zu einer weitgehenden Abkoppelung der Wirtschaft von der lokalen, erneuerbaren Ressourcenausstattung und zu einem Aufbrechen regionaler Stoffkreisläufe.

Die Energie ist nicht der einzige Faktor, der die Ausdehnung der sozio-ökonomischen Sphäre zulasten der Biosphäre vorantreibt. Der technische Fortschritt, die Entwicklung in der Produktionstechnik und im Transportwesen, gesellschaftliche Innovationen und die auf Wachstum programmierte Geld- und Kreditwirtschaft tragen das Ihre dazu bei. Die Einflussfaktoren der Umweltbeeinträchtigung lassen sich mit der «IPAT-Formel» zusammenfassen:

Impact = **P**opulation x **A**ffluence x **T**echnology
(Belastung = Bevölkerung x Wohlstandsniveau x Technologie)

Solange die Grösse und die Dynamik des Wirtschaftssystems im Vergleich zur Biosphäre gering waren, stellte sich keine grundlegende Nachhaltigkeitsfrage. Im Laufe des 20. Jahrhunderts hat sich jedoch die sozio-ökonomische Sphäre zulasten der Biosphäre stark ausgeweitet. Dies als Folge der wachsenden Weltbevölkerung und des durchschnittlich wachsenden Wohlstands- bzw. Anspruchsniveaus. Der Einfluss der Technologie, der in Unterkapitel 3.3 noch ausführlicher beschrieben wird, hatte sowohl ressourcenverbrauchfördernden als auch in geringerem Ausmass – über Effizienz- und Produktivitätssteigerungen – vermindernden Einfluss. In Zukunft wird diese Problematik noch weiter verschärft, da die Weltbevölkerung bis Mitte des 21. Jahrhunderts auf neun bis zehn Milliarden Menschen anwachsen und zahlreiche bevölkerungsreiche Schwellenländer wie China und Indien – parallel zum weiterhin erwarteten Wirtschaftswachstum in den traditionellen Industrieländern – ihre wirtschaftliche Aufholjagd fortsetzen werden. Durch die hohe Bevölkerungszahl und die zunehmenden Ansprüche infolge von Entwicklungserfolgen wird der Druck auf die natürlichen Ressourcen weiterhin stark zunehmen, nachdem bereits heute viele Leistungen der Ökosysteme, wie z.B. Biodiversität oder Klimastabilität, überbeansprucht werden.
Abbildung 1 verdeutlicht den Umstand in graphischer Form. Der Mensch mit seinem Wirtschafts- und Gesellschaftssystem ist Teil der Biosphäre. Die Erde ist ein geschlossenes System, das in Bezug auf den Austausch von Materie von der Aussenwelt isoliert ist, aber Sonnenenergie aufnimmt und Wärme abgibt. Der Mensch nutzt Materie und Energie, die er als Abfälle oder Abwärme wieder abgibt. Das sozio-ökonomische Subsystem

wie auch die Biosphäre stiften Nutzen, die zur Wohlfahrt des Menschen beitragen. Während Jahrhunderten war das sozio-ökonomische Subsystem im Vergleich zur Biosphäre klein dimensioniert und stellte letztere keinen systemgefährdenden Belastungen aus. Seit dem 19. Jahrhundert weitete sich das sozioökonomische Subsystem aber immer mehr aus, indem der Materialfluss kontinuierlich vergrössert wurde und fossile Energiequellen – gespeicherte Sonnenenergie aus der Vergangenheit – im grossen Stil nutzbar gemacht wurden. In Bezug auf Nutzenstiftung für

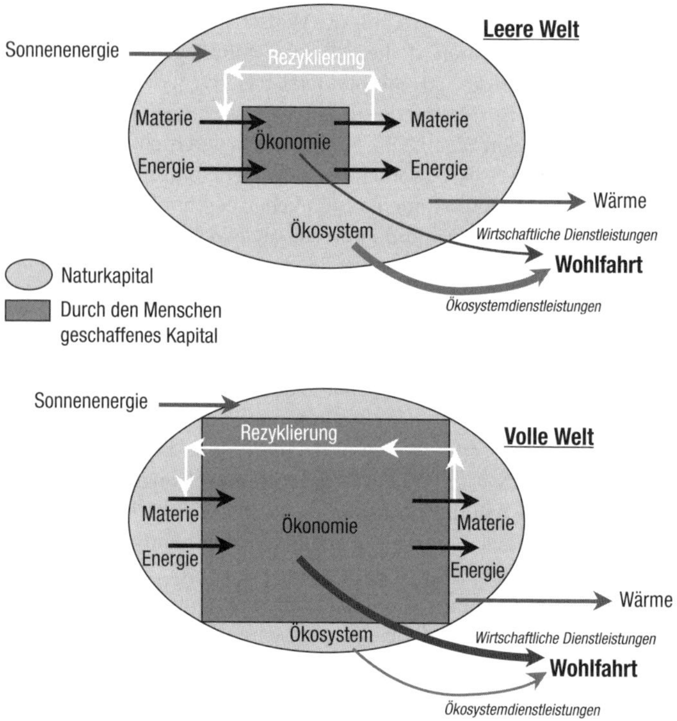

Abb. 1: Von der leeren zur vollen Welt (Daly / Farley 2004, S. 18)

die menschliche Wohlfahrt erfolgte eine Ergänzung und Substitution von Dienstleistungen der Natur durch wirtschaftliche Dienstleistungen. Die Ausdehnung der Sozioökonomie bis an und über die Grenzen der Biosphäre hinaus führt jedoch zu existenziellen Gefährdungen für die natürliche Umwelt und die menschliche Gesellschaft.

Die Problematik der Überbeanspruchung der Biosphäre durch den Menschen («Overshoot») wird im Konzept des «ökologischen Fussabdrucks» (vgl. Unterkapitel 6.1) prägnant zum Ausdruck gebracht. Der ökologische Fussabdruck rechnet den Energie- und Ressourcenverbrauch des heutigen Lebensstils in die Fläche um, die dafür insgesamt – wo immer auf der Welt – beansprucht werden muss. Beim Verbrauch nicht erneuerbarer Energieträger wird danach gefragt, welche Fläche erforderlich wäre, um das emittierte CO_2 in Wäldern zu binden oder – was zu ähnlichen Resultaten führt – welche Flächen notwendig wären, um die gleiche Energie in erneuerbarer Form zu erzeugen. Statistisch gesehen standen 2001 jedem Menschen weltweit 1,80 Hektaren biologisch produktives Land zur Verfügung. Eine Person in Europa benötigt gemäss den Fussabdruckberechnungen im Durchschnitt ungefähr 5 Hektaren Land, in den USA 9,50 Hektaren. Der durchschnittliche Fussabdruck pro Person in der Schweiz liegt bei 5,30 Hektaren, also rund dreimal so hoch wie dauerhaft in einer weltweiten Perspektive verträglich wäre. Weltweit wird die Biosphäre um rund 20% überstrapaziert. Die Emissionen von CO_2 tragen etwa zur Hälfte zum Fussabdruck bei.

Die wichtigsten globalen Umweltprobleme des 21. Jahrhunderts sind spätestens seit der Konferenz von Rio bekannt: Klimawandel, Ozonloch, Süsswassermangel, bedrohte Artenvielfalt, verschmutzte Meere und Küsten, Kulturlandverlust sowie chemische, gentechnische und nukleare Risiken. Viele dieser Bedrohungen hängen zusammen. Teilweise eine Folge der Klimaerwärmung ist der Kulturlandverlust; dieser erhöht wiederum den Druck auf die tropischen Regenwälder, welche u.a. zur Kulturlandgewinnung abgeholzt werden, was in der Folge die Artenvielfalt gefährdet.

Die aktuellste weltweite Analyse der globalen Umweltsituation wurde 2005 im Rahmen des «Millennium Ecosystem Assessment» vorgenommen (UNEP 2005). Darin wird die Schlussfolgerung gezogen, dass ungefähr 60% der terrestrischen Ökosysteme, wie z.B. Süsswasser, Luft, Klima, welche das Leben auf dem Planeten erst ermöglichen, degradiert oder in

nicht nachhaltiger Weise genutzt werden. Die gegenwärtigen Entwicklungstendenzen deuten darauf hin, dass sich die Situation in den nächsten 50 Jahren noch erheblich verschärfen könnte.
Der Handlungsbedarf im 21. Jahrhundert kann anhand der Klimaveränderungen verdeutlicht werden. Das Intergovernmental Panel on Climate Change (IPCC) der UNO belegt, dass eine Beschränkung des durchschnittlichen globalen Temperaturanstieges auf 2 °C bis 2050 – was bereits erhebliche Veränderungen des Klimas, der Natur oder der globalen Nahrungsmittelerzeugung nach sich zöge – eine Senkung der CO_2-Emissionen weltweit um 45-60% gegenüber 1990, gepaart mit substanziellen Reduktionen anderer Treibhausgase, erfordert. Angesichts des Nachholbedarfs in den Entwicklungs- und Schwellenländern infolge Bevölkerungs- und Wirtschaftswachstums sind von entwickelten Ländern Reduktionen um bis zu 80% gefordert (IPCC 2001, Brouns / Ott 2005).

Gerechtigkeit

Nachhaltige Entwicklung thematisiert nicht nur die biosphärischen Grenzen, sondern will gemäss der einleitend genannten Definition der Weltkommission für Entwicklung und Umwelt auch die Bedürfnisbefriedigung der Menschen, namentlich auch der Armen im Süden, sicherstellen. Über eine Milliarde Menschen – ein Sechstel der Weltbevölkerung – lebt in extremer Armut. Sie haben keinen Zugang zu sauberem Trinkwasser, zu genügend Nahrung, zu Bildung. Sie werden medizinisch nicht ausreichend versorgt und kämpfen täglich um ihr Überleben.
Armut und Ungleichheit haben sich im Zeitalter der Globalisierung komplex entwickelt. Während sich die Ungleichheit der Pro-Kopf-Einkommen der Nationen der Erde seit den 1970er Jahren laufend erhöht, zeigt sich bei einer Betrachtung, welche die Länder nach Bevölkerungsgrösse gewichtet, ein Bild eher abnehmender Unterschiede. Der Grund liegt darin, dass einzelne bevölkerungsreiche Länder, wie z.B. China, grosse, armutslindernde Entwicklungserfolge aufweisen. Gleichzeitig fallen verschiedene Staaten insbesondere Afrikas immer weiter zurück (Wuppertal Institut 2005).
Die Weltgemeinschaft will, gestützt auf die «Millennium Development Goals» der UNO, den Anteil Menschen, die mit weniger als einem US-Dollar pro Tag auskommen müssen, bis 2015 bezogen auf 1990 halbie-

ren. Zwischen 1990 und 2001 konnte dieser Anteil vor allem wegen der Entwicklungserfolge in einzelnen Ländern Asiens von rund 28% auf rund 22% gesenkt werden. Die absolute Zahl der sehr Armen ist aber nicht kleiner geworden. Die Zahl der Unterernährten liegt seit den 1980er Jahren je nach Schätzungen und Studien auf einer relativ konstanten Höhe zwischen 800 Millionen und 1 Milliarde Menschen. Zudem ist die Einkommensverteilung ungleicher geworden. 1960 verfügte das ärmste Fünftel der Weltbevölkerung über dreissigmal weniger Einkommen als das reichste Fünftel. Um die Jahrtausendwende verdiente das ärmste Fünftel bereits rund achtzigmal weniger als das reichste Fünftel. Armut und Ungleichheit stellen auch einen Nährboden für Gewalt und kriegerische Auseinandersetzungen dar, welche eine menschenwürdige Entwicklung behindern.
Diese menschenunwürdigen Lebensbedingungen widersprechen an sich dem Anspruch nach Befriedigung der (Grund-)-Bedürfnisse für alle Menschen. Die Bedeutung von Armut und Ungleichheit für die Nachhaltige Entwicklung geht aber weit darüber hinaus, indem auch die Umwelt- und Ressourcenprobleme beeinflusst werden. Armut und Ungleichheit gelten als wichtige Ursachen für die Degradation der Umwelt in den Ländern des Südens. Abholzung von Wäldern für Brennholz wegen fehlender Kaufkraft, um kommerzielle Energieträger erstehen zu können, Abholzung von Urwald zur Landgewinnung durch Landlose sind Beispiele für armutsbedingte Umweltzerstörungen. Es gibt empirische Hinweise für den positiven Zusammenhang zwischen dem Einkommensniveau einer Bevölkerung und ihrer Wertschätzung für eine intakte Umwelt. Reichere Gesellschaften hätten sowohl den Wunsch als auch die Möglichkeit, den Umwelt- und Ressourcenschutz auszubauen.
Andererseits erfordert Armutsbekämpfung gemäss geltendem Wirtschaftsmodell Wirtschaftswachstum, welches den Energieverbrauch und den Materialfluss erhöht. Die erfolgreichen Entwicklungsbeispiele in China, Indien und Ländern Südostasiens belegen dies deutlich. Während Wachstum teilweise gewisse Umweltprobleme, wie z.B. die lokale Luft- und Wasserverschmutzung, reduzieren hilft, verstärken sich andere, wie z.B. die klimaschädlichen Emissionen, als Folge des steigenden Energie- und Ressourcenverbrauchs. Im 21. Jahrhundert werden sich wegen der Überschreitung der biosphärischen Belastungsgrenzen die Ressourcenkon-

flikte, die Konflikte um Anspruchsberechtigungen gegenüber knapper werdenden Ressourcen verschärfen (Wuppertal Institut 2005).
In den Kontext der Gerechtigkeit können auch die Folgen der Globalisierung gestellt werden. Der internationale Wettbewerb verschärft sich nicht nur zwischen privaten Anbietern von Waren und Dienstleistungen, sondern auch zwischen Wirtschaftsstandorten. Während der Nationalstaat an Einfluss verliert, gewinnen multinationale Konzerne und multinationale wirtschaftliche Institutionen wie die Welthandelsorganisation (WTO), der Internationale Währungsfonds (IWF) oder die Weltbank an Gewicht und Macht. Ebenso nimmt die internationale Arbeitsteilung zu. Die wirtschaftlich starken Länder entwickeln sich zu «Wissensgesellschaften», deren Wohlstand auf Vermehren von Wissen und dem Einsatz der neuen Informations- und Kommunikationstechnologien basiert. Die Industrieproduktion wird weiter in Entwicklungs- und Schwellenländer ausgelagert. Der Strukturwandel hinterlässt aber nicht nur Gewinner. Während im Süden nicht allen Regionen der Aufstieg gelingt und andere weiter marginalisiert werden, verschärfen sich auch in den reichen Staaten Armuts- und gesellschaftliche Integrationsprobleme.

1.3 Bedeutung für die Schweiz

Die Schweiz trägt zu den genannten Nachhaltigkeitsherausforderungen bei. Als Hochkonsumland mit einem Ressourcenverbrauch in mehrfacher Höhe des dauerhaft Tragbaren ist die Schweiz mitverantwortlich für die Überbeanspruchung der Biosphäre. Als Industrie- und Dienstleistungsstandort mit weltweiter wirtschaftlicher Vernetzung ist sie auch wichtige Akteurin des marktorientierten Wirtschaftsmodells. In der Schweiz angesiedelte Konzernzentralen und Finanzunternehmen beeinflussen massgeblich den Globalisierungsprozess.
Gleichzeitig ist die Schweiz von den globalen nachhaltigkeitsrelevanten Entwicklungen auch tangiert. In der Schweiz sind die empfindliche Umwelt in den Berggebieten und der bedrängte Naturraum in den dicht besiedelten Gebieten von diesen weltweiten Problemen besonders betroffen. Prognosen gehen davon aus, dass als Folge der Klimaveränderung ein grosser Teil der Schweizer Gletscher in den nächsten 50 Jahren verschwinden wird. Auch ist die Artenvielfalt in der Schweiz wegen der intensiven Beanspruchung der Landschaft durch Landwirtschaft, Infrastruk-

turanlagen und andere Bauten weiterhin bedroht. Um ihren materiellen Wohlstand nicht zu gefährden, fühlen sich in der Schweiz Bund, Kantone und Gemeinden gezwungen, die Rahmenbedingungen für das wirtschaftliche Wachstum zu verbessern, ohne dabei immer genügend andere für die Nachhaltige Entwicklung zentrale Anliegen zu berücksichtigen. So wurde die ökologische Steuerreform in der Schweiz bisher erfolgreich mit dem Argument bekämpft, sie gefährde die internationale Konkurrenzfähigkeit und damit den allgemeinen Wohlstand.
Die verschärfte Konkurrenz auf dem Arbeitsmarkt und die Auslagerung arbeitsintensiver Tätigkeiten ins Ausland lassen es für weniger gut qualifizierte Personen immer schwieriger werden, im Arbeitsleben mitzuhalten. Auch in der Schweiz gibt es Armut, wenn auch auf einem materiell höheren Niveau als in den Ländern des Südens. Langzeitarbeitslose, Personen mit tiefem Erwerbseinkommen («Working Poor»), Einelternfamilien und kinderreiche Haushalte sind besonders betroffen. Verschärft wird die Problematik dadurch, dass die internationale Standortkonkurrenz auch staatliche Dienstleistungen oder Infrastrukturen einem Liberalisierungs- und Privatisierungsdruck aussetzt und damit bis anhin für die gesamte Bevölkerung und alle Regionen unter gleichen Bedingungen angebotene Grunddienstleistungen («Service public») in Frage gestellt werden. Armut und Ungleichheit im Innern können auch die Bereitschaft der Bevölkerung senken, zur Lösung internationaler Nachhaltigkeitsherausforderungen beizutragen. Es ist fraglich, ob eine spannungs- und konfliktbeladene Gesellschaft Respekt und Solidarität gegenüber der natürlichen Umwelt aufbringt.
Während weltweit die Bevölkerungszunahme Probleme aufwirft, ist es in vielen hoch entwickelten Ländern, auch in der Schweiz, die demografische Alterung, die schwierige Anpassungsprozesse erfordert. Der Anteil der Pensionierten an der Schweizer Bevölkerung wird markant wachsen. Die dadurch notwendigen Reformen bei den Sozialversicherungen werden die Generationenbeziehungen belasten. Die Alterung der Gesellschaft wird aber auch andere Bereiche wie den Arbeitsmarkt, die Mobilität oder das Siedlungswesen stark prägen.
Die mit der Globalisierung einhergehende Migration, vor allem auch aus nicht europäischen Ländern, stellt hohe Anforderungen an die Integrationsfähigkeit der Schweizer Bevölkerung.

Zusammenfassend können die Herausforderungen der Nachhaltigen Entwicklung wie folgt umschrieben werden:

- Der heutige Lebensstil in den Industrieländern, zunehmend aber auch in stark wachsenden Schwellenländern, kann nicht auf die ganze Welt übertragen werden. Diese Problematik wird im Konzept des «ökologischen Fussabdrucks» veranschaulicht. Der Umwelt- und Ressourcenverbrauch der Menschheit liegt heute bereits etwa 20% über dem dauerhaft tragbaren Niveau. Derjenige pro Kopf der Schweizer Bevölkerung ist doppelt bis dreimal so hoch.
- Nachhaltige Entwicklung ist mehr als Umwelt- und Ressourcenpolitik, sondern will die Lebensqualität langfristig erhalten. Zur Lebensqualität gehören auch wirtschaftliche und soziale Bedürfnisse. Dabei ist besonders zu beachten, dass ein beträchtlicher Teil der Menschheit in bitterer Armut und unter menschenunwürdigen Bedingungen lebt.
- Nachhaltige Entwicklung ist also die gewaltige Herausforderung, die Bedürfnisbefriedigung aller Menschen, namentlich auch jener im Süden, zu gewährleisten und gleichzeitig den Umwelt- und Ressourcenverbrauch zu senken. Dies erfordert einen langfristigen grundlegenden Strukturwandel von Wirtschaft und Gesellschaft, bei welchem die hoch entwickelten Industrieländer mit ihrer besonderen Verantwortung für die Problemverursachung in der Vergangenheit voranschreiten müssen, die Entwicklungsländer aber angesichts ihrer Wachstumsdynamik rasch nachfolgen müssen.

2 Begriff und Konzepte der Nachhaltigen Entwicklung

Vor dem Hintergrund der eingangs geschilderten Problematik wird die Nachhaltige Entwicklung hierzulande gleichwohl nicht einheitlich, sondern teilweise recht unterschiedlich interpretiert. Es ist nützlich, die zahlreichen Verwendungen oder konzeptionellen Vorstellungen entlang eines Pfades zu typisieren, der bei der frühesten und engsten, auf eine erneuerbare natürliche Ressource beschränkten Konzeption beginnt und durch zunehmende Ausweitung von einzubeziehenden Aspekten bei einer gesamtgesellschaftlichen Vision endet. Dabei ist zu beachten, dass in der Schweiz der Bundesrat in seiner Strategie Nachhaltige Entwicklung 2002 eine wegweisende Konzeption darlegte.

2.1 Auf natürliche Ressourcen bezogene Konzepte

Der Nachhaltigkeitsbegriff hat seine historischen Wurzeln in der Forstwirtschaft des 18. und 19. Jahrhunderts, in welcher der Grundsatz Eingang fand, dass dem Wald nur soviel Holz zu entnehmen sei, wie periodisch nachwachse. Dieser Zuwachs kann durch Pflege und optimale Bewirtschaftung bis zu einem maximal möglichen Ertrag (Maximum Sustainable Yield) ausgedehnt werden. Diese Nachhaltigkeitskonzeption, die auch auf andere erneuerbare Ressourcen, wie z.B. einen Fischbestand in einem Gewässer, übertragbar ist, ist einfach und relativ statisch.

Wegen der zunehmenden Umweltprobleme in der zweiten Hälfte des 20. Jahrhunderts, aber auch der Debatte um die Grenzen des Wachstums als Folge der Erdölkrisen der 1970er Jahre, wurde der Fokus der Nachhaltigen Entwicklung, weiterhin unter Beschränkung auf die Umweltsphäre, ausgeweitet, indem auch die Aufnahmefähigkeit der Umwelt für Schadstoffe und der Verbrauch nicht erneuerbarer, definitionsgemäss nicht nachhaltig nutzbarer Ressourcen thematisiert wurden. Um wie viel an Brisanz der Nachhaltigkeitsbegriff dadurch gewonnen hat, ergibt sich nur schon daraus, dass das heutige Energiesystem weltweit und auch in der Schweiz zu rund 80% auf dem Verbrauch nicht erneuerbarer Energieressourcen beruht. Die World Conservation Strategy, die 1980 von der Internationalen Naturschutz-Union (IUCN) im Auftrag des Umweltprogramms der Vereinten Nationen (UNEP) erarbeitet wurde und den Begriff Nachhaltige Entwicklung bzw. Sustainable Development erstmals in einem internationalen politischen Kontext prominent verwendete, ist weitgehend auf die Betrachtung natürlicher Ressourcen beschränkt. Beispielhaft werden nachfolgend die im zeitlichen Umfeld der UNO-Konferenz über Umwelt und Entwicklung von Rio de Janeiro im Jahr 1992 vor einem schweizerischen Hintergrund entwickelten Kernpostulate Nachhaltiger Entwicklung nach Minsch (1993) aufgeführt, die auf die natürlichen Ressourcen fokussiert sind. Sie umreissen, was auch heute noch in diesen oder ähnlichen Formulierungen unter ökologischer Nachhaltigkeit subsumiert wird:

1. Erneuerbare Ressourcen: Die Inanspruchnahme der erneuerbaren Ressourcen ist so zu gestalten, dass die Nutzungsrate die natürliche Regenerationsrate nicht übersteigt.
2. Absorptionsfähigkeit der Ökosysteme: Bei der Belastung der Umwelt durch Abfälle und Emissionen ist sicherzustellen, dass die Verschmutzungsrate unter der Absorptionsrate der Umwelt liegt.
3. Gesunderhaltung der Biosysteme und Erhaltung der Artenvielfalt: Notwendige Voraussetzung für eine nachhaltige Nutzung der Naturgüter ist die Gesunderhaltung der Biosysteme. Dies verlangt eine weitest mögliche Erhaltung der Artenvielfalt.
4. Erhaltung einer lebenswerten, menschenwürdigen Kulturlandschaft: Die Kulturlandschaft besitzt neben wichtigen ökologischen Funktionen auch die Rolle eines geschichtlichen Gedächtnisses der Gesellschaft. Der pflegliche Umgang mit der Kulturlandschaft ist somit Element ökologischer Nachhaltigkeit wie auch der Erhaltung der Würde des Menschen.
5. Nicht erneuerbare Ressourcen: Die Nutzung nicht erneuerbarer Ressourcen ist nur in dem Ausmass zugelassen, als es gelingt, die gesamtwirtschaftliche Ressourcenproduktivität eines Landes so zu erhöhen, dass es trotz Wirtschaftswachstum zu einem absoluten Rückgang des Verbrauchs an nicht erneuerbaren Ressourcen kommt

2.2 Mehrdimensionale Konzepte

Erweiterte Naturressourcenkonzepte

Weil einerseits die Nachhaltigkeitsprobleme ihre Ursachen beim Menschen haben, und weil andererseits die verfolgten politischen Handlungsziele letztlich in der Wohlfahrtserhaltung oder -steigerung für den Men-

schen liegen, wurden zunehmend auch gesellschaftliche und wirtschaftliche Aspekte einbezogen.
Ein graduelles Beispiel, welches die auf natürliche Ressourcen bezogenen Postulate punktuell um sozioökonomische ergänzt, welche aber ihrerseits wieder eng auf die natürlichen ausgerichtet sind, ist im Bericht «Zukunftsfähige Schweiz» von umwelt- und entwicklungspolitischen Nichtregierungsorganisationen (WWF u.a. 2000) zu finden. Die gesellschaftlich-wirtschaftlichen Postulate haben überwiegend einen die ökologischen Postulate unterstützenden Charakter:

Postulate «Natürliche Umwelt»
1.–5. Inhaltlich weitgehend deckungsgleiche Postulate wie bei Minsch (1993).

Postulate «Gesellschaft und Wirtschaft»
6. In einem marktwirtschaftlich organisierten System bilden marktwirtschaftlich orientierte Instrumente das Grundgerüst der Umweltpolitik. Damit werden die selbstregulierenden Kräfte der Marktwirtschaft selber in den Dienst der Nachhaltigen Entwicklung gestellt.
7. Es darf nicht vom Kapital, sondern nur von den Zinsen gelebt werden. Das Kapital muss erhalten bzw. vermehrt werden.
8. Die Gesellschaft (Staat, Wirtschaft und Individuen) muss eine «neue» Ethik entwickeln, welche die ökologischen Nachhaltigkeitspostulate mit hoher Lebensqualität vereinbart.
9. Unfallrisiken mit Auswirkungen auf Mensch und Biosphäre sind nur so weit zulässig, als sie auch beim grössten möglichen Schadenereignis keine dauerhaften Schäden über mehrere Generationen an Menschen, Pflanzen, Tieren oder Ökosystemen verursachen können.
10. Im globalen Kontext verlangt das Nachhaltigkeitspostulat eine Entwicklung, die auf eine Umverteilung der Ressourcen vom Norden nach dem Süden abzielt (soziale Dimension).

Zweidimensionale Konzepte
Ein weiter gefasstes Konzept stellt das Zweidimensionenmodell dar, welches beispielsweise die Internationale Naturschutz-Union (IUCN) mit der Studie «Wellbeing of Nations» vertritt (Prescott-Allen 2001). Bildlich wird es mit einem Ei ausgedrückt, bei dem das Eiweiss die Biosphäre darstellt,

in welche das gesellschaftlich-wirtschaftliche System des Menschen als Eigelb eingebettet ist.
Wellbeing of Nations versucht, indikatorengestützt den quantitativen Umfang und die qualitativen Aspekte der beiden Sphären zu erfassen. Bei der menschlichen Sphäre (Human Wellbeing) fliessen folgende Teilaspekte ein: Gesundheit und Bevölkerung; Wohlstand; Wissen und Kultur; Gemeinschaft; Verteilung. Bei der Biosphäre (Ecosystem Wellbeing) werden die Aspekte Boden, Wasser, Luft, Artenvielfalt, Ressourcenverbrauch berücksichtigt. Menschliche und Biosphäre werden nicht nur unabhängig für alle Länder der Welt mit einem Human Wellbeing Index und einem Ecosystem Wellbeing Index erfasst, sondern mittels eines so genannten Wellbeing Index in Beziehung gesetzt. Damit wird eine Aussage darüber ermöglicht, wie gut es Ländern gelingt, gesellschaftliche Entwicklung und Erhalt der Umweltqualität zu kombinieren (siehe auch Unterkapitel 6.1). Dieses Modell spricht die fundamentale Tatsache an, dass die zahlenmässig stark wachsende Menschheit und ihre expandierende Wirtschaft Subsysteme eines nicht vergrösserbaren übergeordneten Systems – des Planeten Erde mit seiner Biosphäre – sind, und dass es keine Nachhaltige Entwicklung geben kann, wenn es nicht gelingt, das gesellschaftlich-wirtschaftliche Subsystem den Gegebenheiten des übergeordneten Systems Biosphäre anzupassen.

Dreidimensionale Konzepte

Das heute meist verwendete dreidimensionale Nachhaltigkeitsmodell fusst auf der Differenzierung nach den drei Dimensionen Umwelt, Wirtschaft und Gesellschaft. Symbolisch wird dieses Modell häufig mit drei Kreisen oder Säulen dargestellt. Es beruft sich inhaltlich auf die Grundlagen- und Ergebnisdokumente der Konferenz über Umwelt und Entwicklung von Rio de Janeiro im Jahr 1992, namentlich auf den Bericht «Our Common Future» der Weltkommission für Umwelt und Entwicklung (WCED 1987) und die Agenda 21. Diese Dokumente betonen die Wechselwirkungen zwischen ökologischen, gesellschaftlichen und wirtschaftlichen Entwicklungen. Beim Dreidimensionenmodell gibt es grosse Unterschiede in Bezug auf die Frage, wie die Interdependenzen und systemischen Zusammenhänge thematisiert werden. Häufig werden die drei Sphären je für sich, unabhängig von einander, in additivem Sinn mit Kriterien, Postulaten oder In-

dikatoren beschreibend zu erfassen versucht. Dies kann problematisch sein, wenn dabei der Grundsatz der integralen, systemischen, auf Zusammenhänge ausgerichteten Betrachtungsweise verloren geht. In Strategiepapieren zur Nachhaltigen Entwicklung im In- und Ausland fällt auf, dass Nachhaltigkeitsziele oder Zielwerte oft fragmentarisch formuliert sind und jeweils für die drei Dimensionen separat gesetzt werden: in Ziele für die Umweltpolitik, die wirtschaftliche Entwicklung und die gesellschaftliche Solidarität. Diese Aufsplitterung birgt die Gefahr in sich, dass Zielkonflikte, aber auch potenziell positive Wechselwirkungen zwischen den drei Dimensionen ausgeblendet werden.
Allerdings gibt es auch Ausprägungen, die diese gegenseitigen Zusammenhänge von Anfang an hervorheben, indem die Postulate und Kriterien in allen drei Dimensionen auf die Anforderungen der übergeordneten, in Kapitel 1 beschriebenen Problematik ausgerichtet werden. Ein Beispiel für ein systematisch und quer durch alle Dimensionen auf übergeordnete Nachhaltigkeitsgebote abgestimmtes Konzept ist das Indikatorensystem Monitoring der Nachhaltigen Entwicklung in der Schweiz MONET (vgl. Abbildung 2 sowie Unterkapitel 6.2). Es basiert auf einem logisch aufgebauten, aus dem Nachhaltigkeitsverständnis der Brundtland-Kommission abgeleiteten Postulatesystem.

Abb. 2: Struktur des MONET-Indikatorensystems (BFS, BUWAL, ARE 2003a, S. 10)

Kapitalstockmodell

Einen formalisierten Ansatz des Dreidimensionenmodells stellt das so genannte Kapitalstockmodell dar. Es wurde bei der Weltbank bereits 1994 entwickelt (Serageldin / Steer 1994) und basiert auf der Idee, dass es drei Nachhaltigkeitsdimensionen, bzw. Kapitalstöcke, gibt: Umwelt, Wirtschaft und Gesellschaft. Das auf der Erde vorhandene «Kapital» darf demnach nicht einfach aufgezehrt, sondern muss kontinuierlich erneuert werden. Nachhaltigkeit ist dann gegeben, wenn auf Dauer von den Zinsen und nicht vom Kapital gelebt werden kann. Das Nachhaltigkeitskapital bildet sich aus der Summe der drei Kapitalstöcke:

$$\mathbf{K}_{\text{Nachhaltigkeit}} = \mathbf{K}_{\text{Umwelt}} + \mathbf{K}_{\text{Wirtschaft}} + \mathbf{K}_{\text{Gesellschaft}}$$

Mit dieser «Formel» können Zustände, Entwicklungen oder politische Vorhaben im Sinne der Nachhaltigen Entwicklung beurteilt werden. Neben dem absoluten Bestand der Kapitalstöcke müssen bei der Beurteilung auch die Veränderungen der Stöcke sowie deren Wechselwirkungen untereinander miteinbezogen werden. So wird Humankapital nur langsam über geeignete Bildungsinvestitionen aufgebaut, oder es veraltet infolge stagnierender Bildungssysteme. Bildungsinvestitionen sind die Flussvariablen, welche Humankapital aufbauen, ähnlich wie Investitionen in Verkehrs- oder Telekommunikationssysteme das Wirtschaftskapital aufbauen oder wie der Verbrauch von fossilen Energien und die Belastung von Gewässern, des Bodens und der Luft mit Schadstoffen das Umweltkapital vermindern.

Um die Nachhaltigkeit noch konkreter fassen zu können, kann das Kapitalstockmodell verfeinert werden: Die Konzepte der starken und schwachen Nachhaltigkeit befassen sich mit der Frage der Substituierbarkeit von Kapitalstöcken. Starke Nachhaltigkeit verlangt, dass keiner der drei Kapitalstöcke über längere Zeit abnehmen darf, während schwache Nachhaltigkeit diese Bedingung nur für das gesamte Nachhaltigkeitskapital stellt. Schwache Nachhaltigkeit erlaubt also beispielsweise den Abbau des Umweltkapitalstockes, solange als «Kompensation» mehr Wirtschafts- oder Sozialkapital geschaffen wird (mehr dazu in Unterkapitel 3.2).

Vier- und mehrdimensionale Konzepte

In der Literatur sind noch weiter ausdifferenzierte Nachhaltigkeitsmodelle anzutreffen. So werden die drei «inhaltlichen» Nachhaltigkeitsdimensionen teilweise durch eine räumliche Dimension für die globalen Fernwirkungen ergänzt. Oder es werden weitere Dimensionen für die Kultur, für institutionelle Fragen oder die Werteproblematik ausgeschieden.

Diese Konzepte verstehen Nachhaltige Entwicklung als eine gesamtgesellschaftliche Entwicklungsvision. Die gesamte Gesellschaft soll daran beteiligt werden, eine Vision der Zukunft zu entwerfen, die die Interessen und Sichtweisen aller respektiert und vereint. Die Idee der Nachhaltigkeit soll eine übergeordnete Leitlinie für die Entwicklung der menschlichen Gesellschaft darstellen und erlauben, Umwelt sowie soziale und wirtschaftliche Entwicklung integriert zu betrachten. Sie soll sich auf die gesamte Menschheit beziehen und dabei eine Perspektive zur Verfügung stellen, aus der nicht nur die gegenwärtig lebenden Menschen, sondern ebenso künftige Generationen in den Blick genommen werden (Di Giulio 2003). Bei all den diskutierten Konzepten und Modellen ist jedoch zweitrangig, welche Gliederung sie aufweisen – zwei, drei, vier oder mehr Dimensionen –, sondern welche Inhalte sie auf der Ebene der Postulate und Kriterien vertreten.

2.3 Langfristigkeit

Häufig wird Nachhaltige Entwicklung allein im Sinne der Langfristigkeit und Dauerhaftigkeit interpretiert, ohne dass dabei die Interdependenzen von Umwelt, Wirtschaft und Gesellschaft thematisiert werden. Dies kann zu missverständlichen Begriffsverwendungen führen. Wenn beispielsweise in der Politik ein «nachhaltiges Wirtschaftswachstum» gefordert wird, ist entscheidend, ob damit eine herkömmliche Politik zur Steigerung des Wirtschaftswachstums gemeint ist, oder ob es – im Sinne des integrativen Mehrdimensionenmodells – um die systematische Berücksichtigung von ökologischen und gesellschaftlichen Fragestellungen in der Wachstumspolitik geht.

Die häufig unter Bezug auf die Nachhaltige Entwicklung geführte Debatte um die dauerhafte Konsolidierung der Sozialwerke beachtet in der Regel nur die finanzielle Verteilung zwischen den Generationen (Borgmann / Raffelhüschen 2004, Brugger / Frey 2005). Die Methode der Generationenbilanzierung beispielsweise besteht in einer Bestandesaufnahme der

Ansprüche und Verpflichtungen (Steuerverpflichtungen, Staatsdefizite, Beitragszahlungen, Prämienlasten, Rentenansprüche usw.), welche die heute Lebenden gegenüber zukünftigen staatlichen Haushalten haben. Damit können sowohl die langfristigen Konsequenzen von Reformprojekten (zum Beispiel einer AHV-Revision) erfasst, als auch die «Nachhaltigkeit» der Finanz- und Sozialpolitik geprüft werden.
Die Generationenbilanzierung basiert darauf, alle bestehenden Finanzbeziehungen zwischen Bürgern und ihrem Staat innerhalb eines Ausgangsjahres zu erfassen, altersgemäss zuzurechnen und schliesslich zu saldieren. Bei Betrachtung über alle Altersklassen hinweg entsteht so ein altersspezifisches Profil der Nettozahlungsströme zwischen den Bürgern und dem gesamten Staat. Verknüpft man dieses Profil mit einer langfristigen Bevölkerungsprognose, wie zum Beispiel den Bevölkerungsszenarien des Bundesamtes für Statistik, können die langfristigen Belastungen des Staates bei bestehender Gesetzeslage berechnet werden. Die in der Zukunft anfallenden Ausgaben und Einnahmen lassen sich kumulieren. Entsprechen sich Ein- und Ausgabenströme, gilt die heutige Finanzpolitik als «nachhaltig». Gelingt der Budgetausgleich hingegen nicht, so liegt in Ergänzung zu den offiziell ausgewiesenen, expliziten Staatsschulden eine zusätzliche implizite Schuld vor und müssen irgendwann in der Zukunft die Einnahmen oder Ausgaben des öffentlichen Sektors angepasst werden. Der Gesamtbetrag, der in diesem Fall aufgewendet werden muss, um den intertemporalen Budgetausgleich herzustellen, wird als «Nachhaltigkeitslücke» bezeichnet.
Beim Generationen übergreifenden Budgetausgleich handelt es sich zweifellos um ein wichtiges Nachhaltigkeitsgebot, zumal ein Kriterium der Strategie Nachhaltige Entwicklung 2002 des Bundesrates «ein Wirtschaften der öffentlichen Hand [verlangt], das nicht auf Kosten zukünftiger Generationen erfolgt (z.B. Schulden, vernachlässigte Werterhaltung)». Zu einem eigentlichen Nachhaltigkeitsthema würde es allerdings erst, wenn eine Optimierung der Sozialwerke unter Einbezug der ökologischen und gesellschaftlichen Aspekte erfolgen würde, z.B. durch den Einbezug von diesbezüglichen Dimensionen auf der Finanzierungsseite («Energie statt Arbeit besteuern») oder auf der Anlage- und Ausgabenseite (Anlagepolitik der Pensionskassen).

2.4 Die Konzeption des Bundes

In der Schweiz definierte der Bundesrat die Nachhaltige Entwicklung in seiner Strategie von 2002 (siehe Unterkapitel 4.3) im Sinne eines erweiterten Dreidimensionenmodells. Es übernimmt die drei Dimensionen Umwelt, Wirtschaft und Gesellschaft und ergänzt diese mit einer räumlichen Dimension für die globalen Fernwirkungen und einer zeitlichen Dimensionen für die intergenerationelle Gerechtigkeit. Künftige Generationen sollen ebenso ein Anrecht auf eine intakte Umwelt haben wie wir selbst. Nach der Konzeption des Bundesrates geht die Nachhaltige Entwicklung jedoch über Umweltschutz hinaus. Wirtschaftliches Wohlergehen ist ebenso wie die Erhaltung der natürlichen Lebensgrundlagen Voraussetzung für die Befriedigung unserer materiellen und immateriellen Bedürfnisse. Und nur eine solidarische Gesellschaft ist in der Lage, die erworbenen wirtschaftlichen Güter und Chancen gerecht zu verteilen, die gesellschaftlichen Werte zu bewahren sowie die Nutzung der natürlichen Ressourcen effizient und wirksam zu organisieren.
Symbolisch wird dies mit einem Dreikreisebild dargestellt (Abbildung 3). Die Überlappungsbereiche der Kreise deuten an, dass die drei Bereiche fliessend ineinander übergehen und dass die gegenseitigen Bezüge zwischen Umwelt, Wirtschaft und Gesellschaft im Zentrum der Betrachtungen stehen. Dabei wird keine wissenschaftliche Aussage über das Verhältnis von menschlicher und Biosphäre gemacht, sondern es wird die programmatische Maxime formuliert, dass im politischen und privaten Handeln stets die drei Nachhaltigkeitsdimensionen zu beachten seien – unter Berücksichtigung der zeitlichen Dimension (künftige Generationen) und des Nord-Süd-Aspektes bzw. des globalen Gleichgewichts.

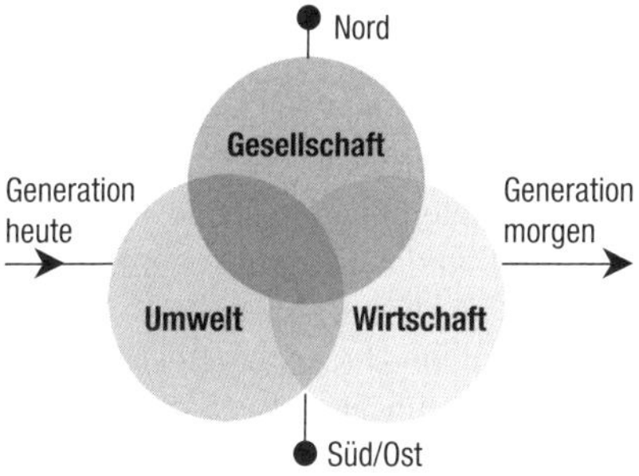

Abb. 3:
Erweitertes Dreidimensionenmodell des schweizerischen Bundesrates

Das bundesrätliche Nachhaltigkeitsmodell beinhaltet also drei Grundprinzipien:

- Integrale, ausgewogene Berücksichtigung von Umwelt, Wirtschaft und Gesellschaft,
- Berücksichtigung der Interessen zukünftiger Generationen (intergenerationelle Solidarität),
- Berücksichtigung der Interessen aller Erdenbewohner (intragenerationelle Solidarität).

Die Bestimmung von drei Zieldimensionen unter Berücksichtigung der Intergenerationalität und der weltweiten Bezüge, also die Konzeption der Nachhaltigen Entwicklung im Sinne eines weit gefassten mulitikriteriellen Zielsystems wirft eine Reihe heikler Fragen auf, so z.B. wie die Zieldimensionen zu konkretisieren sind, wie mit Ziel- und Interessenkonflikten umzugehen ist oder welche spezifischen Zielwerte bei den jeweiligen Zielbereichen anzustreben sind. Auf die Konkretisierung der Zielbereiche wird im folgenden Unterkapitel, auf die übrigen Schlüsselfragen in Kapitel 3 näher eingetreten.

2.5 Kriterien, Postulate, Zielbereiche der Nachhaltigen Entwicklung

Ein notwendiger Schritt zur weiteren Konkretisierung der Nachhaltigen Entwicklung ist die präzisere Beschreibung der drei Nachhaltigkeitsdimensionen mittels Kriterien, Postulaten oder Zielbereichen. Für die Schweiz wegleitend ist, wie der Bundesrat in seiner Strategie Nachhaltige Entwicklung 2002 die Ziele der Nachhaltigen Entwicklung in je fünf Postulaten für Umwelt, Wirtschaft und Gesellschaft konkretisierte; die räumlich-globale und die intergenerationelle Dimension sind darin eingearbeitet (Tabelle 1). Sie spannen den Fächer der wichtigen Bereiche in den drei Dimensionen Umwelt, Gesellschaft und Wirtschaft auf. Diese relativ generellen Kriterien sind in der Schweiz in verschiedenen Projekten oder Arbeiten weiter differenziert worden, so dass sich der Kriterienbaum gemäss Abbildung 4 ergibt. Der Interdepartementale Ausschuss Nachhaltige Entwicklung (IDANE), das Koordinationsorgan der Bundesverwaltung für die Nachhaltige Entwicklung (vgl. Unterkapitel 4.3), definierte als Grundlage für Politik-, Programm- und Projektbeurteilungen ein System von 27 Kriterien (Tabelle 2). Die Nachhaltigkeitsindikatorenplattform «Cercle indicateurs» für Kantone und Städte (vgl. Unterkapitel 6.2) definierte als Grundlage für deren Indikatorensystem 35 Zielbereiche (Tabelle 3). Das Nachhaltigkeitsmonitoring der Schweiz MONET (vgl. Unterkapitel 6.2) entwarf seinerseits 45 Postulate, die aus Umfanggründen hier nicht aufgeführt werden können. In Ergänzung zu diesen allgemeinen Nachhaltigkeitskriteriensystemen gibt es ferner themen- oder sektorspezifische Kriteriensysteme z.B. für die Landwirtschafts-, die Verkehrs-, die Energiepolitik oder die Raumplanung.

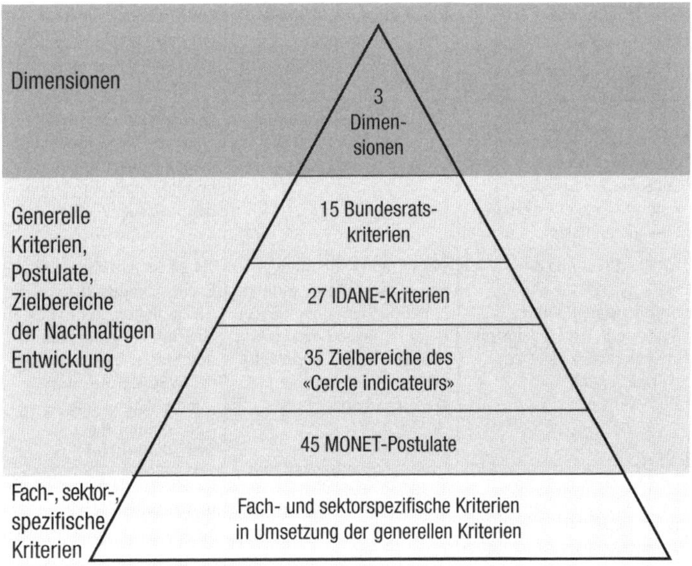

Abb. 4: Kriteriensysteme der Nachhaltigen Entwicklung

Tab. 1: Die 15 Nachhaltigkeitskriterien der Strategie Nachhaltige Entwicklung 2002 des Bundesrates («Bundesratskriterien»)

Umwelt	Wirtschaft	Gesellschaft
U1 Naturräume und Artenvielfalt erhalten	W1 Einkommen und Beschäftigung erhalten und mehren unter Berücksichtigung einer sozial- und raumverträglichen Verteilung	G1 Gesundheit und Sicherheit der Menschen in umfassendem Sinne schützen und fördern
U2 Den Verbrauch erneuerbarer Ressourcen unter dem Regenerationsniveau bzw. dem natürlichen Anfall halten	W2 Das Produktivkapital, basierend auf dem Sozial- und Humankapital, erhalten und qualitativ mehren	G2 Bildung sowie Entfaltung und Identität der Einzelnen gewährleisten
U3 Den Verbrauch nicht erneuerbarer Ressourcen vermindern und unter dem Entwicklungspotenzial von erneuerbaren Ressourcen halten	W3 Wettbewerbsfähigkeit und Innovationskraft der Wirtschaft verbessern	G3 Die Kultur sowie die Erhaltung und Entwicklung gesellschaftlicher Werte und Ressourcen im Sinne des Sozialkapitals fördern
U4 Die Belastung der natürlichen Umwelt und des Menschen durch Emissionen bzw. Schadstoffe auf ein unbedenkliches Niveau senken	W4 In der Bestimmung der Wirtschaft primär die Marktmechanismen (Preise) unter Berücksichtigung der massgebenden Knappheitsfaktoren und externen Kosten wirken lassen	G4 Gleiche Rechte und Rechtssicherheit für alle gewährleisten, insbesondere Gleichstellung von Frau und Mann, Gleichberechtigung bzw. Schutz von Minderheiten sowie Anerkennung der Menschenrechte
U5 Die Auswirkungen von Umweltkatastrophen reduzieren und Unfallrisiken nur insoweit eingehen, als sie auch beim grösstmöglichen Schadensereignis keine dauerhaften Schäden über eine Generation hinaus verursachen	W5 Ein Wirtschaften der öffentlichen Hand, das nicht auf Kosten zukünftiger Generationen erfolgt (z.B. Schulden, vernachlässigte Werterhaltung)	G5 Die Solidarität innerhalb und zwischen den Generationen sowie global fördern

Tab. 2: Die 27 Nachhaltigkeitskriterien des Interdepartementalen Ausschusses Nachhaltige Entwicklung («IDANE-Kriterien»)

Umwelt	Wirtschaft	Gesellschaft
U1 Artenvielfalt	W1 BIP pro Kopf	G1 Bildung, Lernfähigkeit
U2 Klima	W2 Effiziente Infrastruktur und Dienstleistungen	G2 Gesundheit, Wohlbefinden, Sicherheit
U3 Emissionen	W3 Wertvermehrende Investitionsquote	G3 Freiheit, Unabhängigkeit, Individualität
U4 Landschaft, Kultur-, Naturraum	W4 Langfristig tragbare Staatsverschuldung	G4 Identität, Kultur
U5 Wasser	W5 Ressourceneffizienz	G5 Werthaltung
U6 Stoffe, Abfälle	W6 Wettbewerbsfähigkeit	G6 Solidarität, Gemeinschaft
U7 Energie	W7 Arbeitskräftepotenzial	G7 Offenheit, Toleranz
U8 Boden, Fläche, Fruchtbarkeit	W8 Innovationsfähigkeit, leistungsfähige Forschung	G8 Soziale Sicherheit, Armutsanteil
U9 Umweltrisiken	W9 Ordnungspolitische Rahmenbedingungen	G9 Chancengleichheit, Gleichstellung, Partizipation

Tab. 3: Die 35 Zielbereiche des «Cercle indicateurs», der schweizerischen Plattform für Nachhaltigkeitsindikatoren in Kantonen und Gemeinden

Umwelt	Wirtschaft	Gesellschaft
U1 Biodiversität	W1 Einkommen	G1 Lärm/Wohnqualität
U2 Natur und Landschaft	W2 Lebenskosten	G2 Mobilität
U3 Energiequalität	W3 Arbeitsmarkt	G3 Gesundheit
U4 Energieverbrauch	W4 Investitionen	G4 Sicherheit
U5 Klima	W5 Kostenwahrheit	G5 Einkommens-/Vermögensverteilung
U6 Rohstoffverbrauch	W6 Ressourceneffizienz	G6 Partizipation
U7 Wasserhaushalt	W7 Innovationen	G7 Kultur und Freizeit
U8 Wasserqualität	W8 Wirtschaftsstruktur	G8 Bildung
U9 Bodenverbrauch	W9 Know-how	G9 Soziale Unterstützung
U10 Bodenqualität	W10 Öffentlicher Haushalt	G10 Integration
U11 Luftqualität	W11 Steuern	G11 Chancengleichheit
	W12 Produktion	G12 Überregionale Solidarität

3 Schlüsselfragen der Nachhaltigen Entwicklung

Die in Kapitel 2 dargelegten Konzepte der Nachhaltigen Entwicklung, insbesondere die mehrdimensionalen Konzepte, stellen multikriterielle Zielsysteme dar, die vor allem im Hinblick auf eine Umsetzung in der Politik und praktische Anwendungen zahlreiche Fragen aufwerfen. In diesem Kapitel sollen einige besonders wichtige Schlüsselfragen besprochen werden. Zu Beginn wird die Ethik angesprochen, da Nachhaltige Entwicklung nicht ohne Einbezug der Wertefrage diskutiert werden kann. Anschliessend wird der Problematik der wechselseitigen Beziehungen bzw. der möglichen Substituierbarkeit von Umwelt, Wirtschaft und Gesellschaft nachgegangen. In Unterkapitel 3.3 folgt eine Diskussion von nachhaltigkeitsrelevanten Aspekten des heute dominierenden Marktwirtschaftssystems, wie z.B. der Bedeutung von Globalisierung und Freihandel für die Nachhaltige Entwicklung. Diesen Betrachtungen folgen Ausführung zu Zielgrössen, da für die Interpretation des multikriteriellen Zielsystems der Nachhaltigen Entwicklung entscheidend ist, welche konkreten Ziele in den verschiedenen Teilbereichen zu verfolgen sind. Im darauf folgenden Unterkapitel wird im Hinblick auf die Umsetzung der Nachhaltigkeitsziele in der Politik der Frage nach den zentralen Steuerungsgrössen einer Politik der Nachhaltigen Entwicklung nachgegangen. Im abschliessenden Unterkapitel 3.6 wird dargelegt, ob bzw. welche offiziellen Festlegungen in der Schweiz zu diesen Schlüsselfragen bestehen.

3.1 Ethische Positionen

Die Definition der Brundtland-Kommission, wonach Nachhaltige Entwicklung gewährleisten soll, dass die Bedürfnisse aller Menschen heute und in Zukunft befriedigt werden, zeugt von einer Menschen bezogenen, anthropozentrischen Sichtweise auf die Nachhaltige Entwicklung. Im Gegensatz zu Menschen bezogenen Ansätzen wären auch öko- und biozentrische Ansätze denkbar, die der Natur jenseits von menschlichen Nutzenüberlegungen einen Eigenwert zubilligen. Dabei werden jedoch gesellschaftliche Konflikte und damit zentrale Aspekte im Nachhaltigkeitsdiskurs ausser Acht gelassen. Im Übrigen wäre es sehr realitätsfremd anzunehmen, der Mensch sei über ein vernunftgeleitetes, an einem aufgeklärten Selbstinteresse orientiertes Handeln hinaus fähig, seine Bedürfnisse zu verneinen und gegenüber der Natur hintanzustellen. Somit stellt sich eher die Frage, nach welchen ethischen Grundsätzen die Bedürfnisbefriedigung erfolgen und allfällige daraus entstehende Nutzungs- und Anspruchskonflikte geregelt werden sollen. Dies wirft vielfältige ethische Fragestellungen auf.

Die verschiedenen möglichen Ethikpositionen können hier nur grob angeschnitten werden (Ulrich 2001, IDARio 2001, S. 183f.). Für technokratische Ansätze stellt die Herstellung von Nachhaltigkeit ein von Experten zu lösendes und von Wertegesichtspunkten frei zu haltendes technologisches Sachproblem dar. Zahlreiche Nachhaltigkeitsherausforderungen sind jedoch durch gesellschaftliche Verhältnisse und soziale Ordnungen mitbestimmt. Auch sind Gerechtigkeitsfragestellungen nicht wertfrei zu lösen, und viele Probleme insbesondere rund um die gegenwärtig nicht nachhaltigen Produktions- und Konsummuster lassen sich nicht ohne Verhaltensänderungen lösen, welche wiederum nicht ohne Bewusstseinswandel und wertebezogenen gesellschaftlichen Diskurs zu erreichen sind. Die technokratischen Ansätze greifen also zu kurz (siehe dazu auch Unterkapitel 3.3., wo die Rolle der Technologie weiter vertieft wird).

Für utilitaristische Ansätze stehen bei der Bedürfnisbefriedigung der Nutzen und das wirtschaftliche Eigeninteresse im Vordergrund. Es ist zweifelhaft, ob diese ethische Position geeignet ist, zum Beispiel die notwendigen substanziellen Verbrauchsreduktionen bei natürlichen Ressourcen in den Industrieländern zu unterstützen oder die immer stärker gestellten Gerechtigkeitsfragen sinnvoll zu beantworten. Ähnliches gilt für hedonistische, Lust orientierte Werthaltungen.

Zentral für eine ethische Grundlegung der Nachhaltigen Entwicklung erscheinen jedoch Ansätze der Pflichtenethik, die auf den Philosophen Immanuel Kant (1724-1804) zurückgehen. Der ethische Begriff der Pflicht meint den verantwortlichen Einsatz der Vernunft. Dafür prägte Kant den Kategorischen Imperativ: «Handle so, dass die Maxime deines Willens jederzeit zugleich als Prinzip einer allgemeinen Gesetzgebung gelten könne.» Damit wird jedes Handeln untersagt, von dem man nicht wollen kann, dass nach dem gleichen Prinzip alle Menschen handeln.

Der pflichtenethische Ansatz versteht die mit Nachhaltigkeitsfragen zusammenhängenden Konflikte als solche zwischen Ansprüchen und Rechten, die nach Massgabe ihrer Berechtigung (Legitimität) und nicht nach Machtgesichtspunkten beizulegen und aufzulösen sind. Der Begriff der Legitimität stellt eine Beziehung zwischen erhobenen Ansprüchen, einer beabsichtigten Handlung oder einer Handlungsregelung einerseits und den moralischen Rechten aller Betroffenen andererseits her. Als legitim kann eine Handlungsweise bezeichnet werden, wenn sie unter Berücksichtigung ihrer gesamten erkennbaren Folgen die moralischen Rechte aller Handlungsbetroffenen wahrt. Dabei ist die Legitimität von Ansprüchen umso grösser, je näher Betroffene sich an einer unteren Grenze des Zumutbaren und des Tragbaren befinden (Armutsgrenze, gesundheitsbedrohende Umweltbelastungen, unzureichende Gesundheitsvorsorge, definierte Minimalstandards für Bildung, Wohnung, Zugang zu Ressourcen, usw.). Auf den Staat oder eine Gesellschaft übertragen gilt, dass diese dann nachhaltig sind, wenn die Maxime ihres Handelns so ist, dass sie auf Dauer auch die Handlungsmaxime aller anderen Staaten und Gesellschaften sein kann. Das Prinzip des gleichberechtigten Zugriffs aller Menschen auf die Ressourcen der Welt ist Massstab dafür, inwieweit die eigene Gesellschaft eine faire Partnerin in der Welt ist. Insofern sind die nördlichen Industriestaaten und -gesellschaften noch nicht als nachhaltig einzustufen. Denn würde ihr Ressourcenverbrauch pro Kopf der Bevölkerung auf alle Menschen übertragen, nähmen die Ökosysteme in absehbarer Zeit irreversiblen Schaden, wären lebenswichtige Ressourcen bald erschöpft und hätte dies weltweit unabsehbare Folgen für die soziale und ökonomische Stabilität. Zur Zeit anerkennen die Industriegesellschaften die legitimen Interessen der Länder vor allem des Südens nicht oder nur unzureichend.

Global und lokal ist die Nachhaltige Entwicklung durch Ziel- und Interessenkonflikte innerhalb des Nachhaltigkeitszielsystems, zwischen kurzfristigen Erfordernissen und langfristigen Zielen sowie zwischen hier und anderswo geprägt. Der pflichtenethische Ansatz kann als Orientierung für die Regelung von Konflikten innerhalb des Dreidimensionenmodells der Nachhaltigen Entwicklung dienen: intra- und intergenerationeller Gerechtigkeit muss auf lokaler, regionaler und globaler Ebene angemessen Rechnung getragen werden. Der Zugang zu und die gerechte Verteilung von Gütern und Dienstleistungen im Rahmen der Tragfähigkeit der Lebensgrundlagen jetzt und in Zukunft muss für alle unter menschenwürdigen Umständen gesichert sein. Dieser Prozess kann überaus konfliktreich sein und führt auch immer wieder zu heftigen politischen Auseinandersetzungen oder gar zu Kriegen. Eine ethisch-rationale Politik verlangt aber Konfliktlösungsstrategien, die auf der Grundlage von Berechtigung (bzw. Legitimation) und nicht von Macht oder Vorrechten zu konzipieren sind.

3.2 Vom wechselseitigen Verhältnis der Nachhaltigkeitsdimensionen

Das Konzept der Nachhaltigen Entwicklung in seinen mehrdimensionalen Ausprägungen als multikriterielles Zielsystem krankt bis heute daran, dass kein umfassendes Wirtschaft-Umwelt-Gesellschaft-Modell besteht, das die systemischen Zusammenhänge und Ursache-Wirkungsketten innerhalb und zwischen den Nachhaltigkeitsdimensionen in genügender Genauigkeit erklären könnte. Zwar liegen mittlerweile relativ breit akzeptierte Ziel- oder Kriteriensysteme vor (vgl. Unterkapitel 2.5), aber die Gewichtungen und Zielgrössen variieren intersubjektiv erheblich. Immerhin wurde die Problematik der wechselseitigen Beziehungen innerhalb des multikriteriellen Zielsystems der Nachhaltigen Entwicklung in der wissenschaftlichen Literatur schon vielfach diskutiert. Über zentrale Positionen soll im Folgenden Auskunft gegeben werden.

Das bereits vorgestellte Kapitalstockmodell der Nachhaltigen Entwicklung (siehe Unterkapitel 2.2) hilft, diese Problematik zu strukturieren. Dabei ist auf die beiden Konzepte der starken und schwachen Nachhaltigkeit zu verweisen. Diese Konzepte befassen sich mit der Frage der Substituierbarkeit zwischen und innerhalb der Kapitalstöcke Umwelt, Wirtschaft, Gesellschaft. Starke Nachhaltigkeit verlangt, dass kein Teilkapitalstock lange Zeit abnehmen darf. Schwache Nachhaltigkeit stellt diese Bedingung nur für das gesamte Kapital.

Schwache Nachhaltigkeit

Das Konzept der schwachen Nachhaltigkeit ist geprägt von einem hohen Vertrauen in die Marktkräfte und in das technische Fortschrittspotenzial. Umwelt und natürliche Ressourcen werden lediglich als Inputs in den Produktionsprozess betrachtet. Als Grundannahme gilt, dass heutige Marktpreise den vollen langfristigen Wert bzw. die Knappheit insbesondere auch von natürlichen Ressourcen wiedergeben. Wirtschaftliches und soziales Kapital werden als vollständige Substitute zu natürlichem

Kapital betrachtet, insbesondere dank optimistischer Einschätzung des technischen Fortschritts. Unter diesen Annahmen bleibt unsere heutige, von nicht erneuerbaren Ressourcen abhängige Wirtschaft dauerhaft funktionsfähig, wenn sie den Ertrag aus dem Ressourcenverbrauch in wirtschaftliches oder soziales Kapital investiert. Eine Verminderung von Umweltkapital ist also zulässig, solange wirtschaftliches oder soziales Kapital aufgebaut wird. In Abbildung 5 werden die verschiedenen möglichen Substitutionsprozesse dargestellt, die in einer Ablaufkette zwischen Ursprungsmaterialien einzelner Produktionsprozesse und der Gesamtwohlfahrt als hoch aggregierter Einheit anzusiedeln sind. Für die schwache Nachhaltigkeit zählt alleine, dass die aggregierte Gesamtwohlfahrt nicht abnimmt.

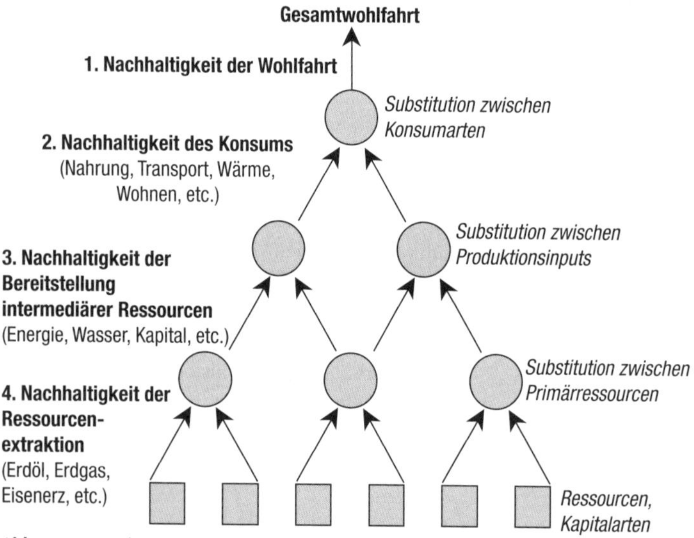

Abb. 5: Schwache Nachhaltigkeit: Substitutionsprozesse

Starke Nachhaltigkeit

Die starke Nachhaltigkeit fusst auf einem umfassenderen Umweltbegriff, der insbesondere folgende Aspekte umfasst:

a) Umwelt als Input in Produktionsprozesse (z.B. mineralische Rohstoffe, Bauland, Energieträger),

b) Umweltgüter mit direkter, unmittelbarer Nutzenstiftung (z.B. eine schöne Landschaft),
c) Umwelt als Lebensgrundlage / «Life Support Services» (z.B. Klimastabilität, Ökosystemleistungen, Wasserkreisläufe, Assimilationskapazität für Schadstoffe).

Beim Konzept der starken Nachhaltigkeit wird angenommen, dass Marktpreise die wirkliche Knappheit der Umwelt nicht reflektieren. Dafür werden als Gründe namentlich die Existenz von Externalitäten und öffentlichen Gütern (betrifft insbesondere Umwelt als Lebensgrundlage) sowie die Kurzfristigkeit der Märkte angeführt (vgl. vertiefende Aussagen dazu in Unterkapitel 3.3). Auch besteht eine Skepsis in Bezug auf die Möglichkeiten der Substitution der Umwelt durch wirtschaftliches und soziales Kapital. In der Realität sei der Verbrauch von Umwelt meist komplementär und nicht substituierend zu wirtschaftlichem und sozialem Kapital. Und die «Life Support Services» seien nicht substituierbar. Schliesslich habe die Umwelt jenseits von menschlichen Nutzenüberlegungen auch einen Eigenwert.

Starke Nachhaltigkeit verlangt, dass auf der Outputseite die Assimilationskapazität der Umwelt nicht überschritten wird und erneuerbare Ressourcen nicht stärker genutzt werden als ihre Erneuerungskapazität zulässt. Nicht erneuerbare Ressourcen dürfen nur insoweit genutzt werden, als mit dem Ertrag erneuerbare Ressourcen aufgebaut werden. Die Beanspruchung der Umwelt durch das sozio-ökonomische Subsystem darf die Tragfähigkeitsgrenzen nicht überschreiten. Der technische Fortschritt müsse auf Ressourceneinsparung anstatt auf Erhöhung der Material- und Energieflüsse ausgerichtet werden.

Wie stark ist genügend stark?

Eine sehr starke Nachhaltigkeit, die jegliche Beeinträchtigung des Umweltkapitalstockes verbieten würde, ist allerdings realitätsfremd. Wie stark muss die Nachhaltigkeit sein, damit die Umwelt als Trägerin sämtlicher menschlicher Aktivitäten ihre Dienstleistungen dauerhaft erbringen kann? Dafür gibt es keine einfachen und präzisen Antworten. Es handelt sich letztlich um eine empirische Fragestellung, die ressourcenspezifisch und regional differenziert zu beantworten ist. Diese Antwort wird für lokale Umweltgüter und Ressourcen anders bzw. viel differenzierter erfolgen müssen als bei globalen Umweltgütern wie der Schutzfunktion der stratosphärischen Ozonschicht oder der Klimastabilität. Wegen der geringen Präzision wissenschaftlicher Voraussagen über das Verhalten der natürlichen Umwelt und des unendlichen Wertes der «Life Support Services» sind gestützt auf das Vorsichts- und Vorsorgeprinzip ausreichende Sicherheitsmargen («Safe Minimum Standards») für die Umweltnutzung festzulegen. Die politisch opportune Gleichbehandlung von Umwelt, Gesellschaft und Wirtschaft ignoriert, dass das gesellschaftlich-wirtschaftliche Subsystem Teil des nicht vergrösserbaren übergeordneten Systems der Biosphäre ist. Der Mensch kann mit seiner Machtfülle, die seit der Verfügbarkeit fossiler Energieressourcen explosionsartig zugenommen hat, die Biosphäre zwar beeinträchtigen, aber er kann sie nicht den Bedürfnissen anpassen, welche sich aus unkontrolliertem demografischem Wachstum und aus der zunehmenden Dynamik im Dreieck Forschung – Technik – Wirtschaft ergeben. Nachhaltige Entwicklung ist nur möglich, wenn es gelingt, die Subsysteme Gesellschaft und Wirtschaft den Gegebenheiten des übergeordneten Systems Biosphäre anzupassen.

3.3 Probleme der wachstumsorientierten Marktwirtschaft

Ein zentraler Streitpunkt in der Nachhaltigkeitsdebatte betrifft die Einschätzung der Institution des Marktes und der Marktwirtschaft. Ist die Marktwirtschaft Ursache der Nachhaltigkeitsprobleme oder vielmehr Teil der Lösung? Die heutigen Nachhaltigkeitsprobleme stellen sich ja in einer Welt, in der sich das marktwirtschaftliche Wirtschaftssystem praktisch universell durchgesetzt hat, wenngleich in allen Ländern nicht nur marktwirtschaftliche Regelungen bestimmend sind, sondern der Staat mehr oder weniger grossen Einfluss auf das Wirtschaftsgeschehen hat, sei es über regulative Eingriffe oder über eigenes wirtschaftliches Handeln.
Aus Nachhaltigkeitssicht sind jedem ordnungspolitischen Regelungssystem drei grundlegende Aufgaben gestellt, die es in Bezug auf die Nutzung natürlicher, wirtschaftlicher und sozialer Ressourcen zu erfüllen hat (Daly / Farley 2004, S. 373f.):

- *Allokation:* Trägt das Regelsystem dazu bei, dass die Güter und Ressourcen effizient, d.h. mit einem optimalen Kosten/Nutzenverhältnis auf die verschiedenen möglichen Verwendungszwecke zugeteilt werden?

- *Distribution:* Begünstigt das Regelsystem eine Verteilung der Ressourcen, welche den Gerechtigkeitsvorstellungen einer Gesellschaft gerecht wird und damit deren Stabilität und Funktionsfähigkeit gewährleistet?
- *Umfang («Scale»):* Ist das Regelsystem fähig, biosphärische Grenzen zu erkennen und über entsprechende Steuerungsmechanismen deren Einhaltung, unter Berücksichtigung der notwendigen Sicherheitsmargen, sicherzustellen? Hierbei ist das Wirtschaftswachstum zu thematisieren und als dessen wesentliche Bedingung und Voraussetzung die wirtschaftliche Globalisierung.

Die Marktwirtschaft wird nachfolgend danach hinterfragt, inwieweit sie theoretisch und in der Praxis in der Lage ist, die genannten Anforderungen zu erfüllen.

Allokation

Der Markt ist an sich ein genialer Mechanismus für eine optimale Zuteilung wirtschaftlicher Ressourcen auf verschiedene Verwendungszwecke. Eine Verknappung von Ressourcen verteuert diese, was sowohl eine sparsamere Verwendung fördert als auch Anreize für eine Vergrösserung des Angebotes vermittelt. Der Markt ist vor allem auch in dynamischer Hinsicht eine beeindruckende Institution, erzeugt der Wettbewerb doch durch permanenten Druck auf die wirtschaftlichen Akteure Anreize für Produktivitätssteigerungen und Innovationen, welche die Basis für Wohlstandssteigerungen darstellen.

Dass jedoch der Markt gerade in Bezug auf die für die Nachhaltige Entwicklung zentrale Frage der Umweltnutzung Defizite aufweist, ist seit langem bekannt. Zentral sind dabei die beiden Begriffe der Externalitäten und der öffentlichen Güter. Externalitäten sind Kosten oder Nutzen, die nicht von den Urhebern einer Aktivität getragen werden, wodurch sich die Handlungsanreize verfälschen. Wer Kosten einer Handlung, z.B. Klimaschädigungen durch CO_2-Ausstoss, auf Dritte oder die Allgemeinheit abwälzen kann, wird solche Handlungen im Übermass ausführen. Wer hingegen Nutzen produziert, von denen Dritte, ohne dies abzugelten, profitieren können, wird solche Handlungen in zu geringem Ausmass ausführen. Ein Beispiel hierfür ist die von den Landwirten geleistete Landschaftspflege.

Bei öffentlichen oder Kollektivgütern funktioniert das Ausschlussprinzip nicht. D.h. dass von ihnen auch Nutzer profitieren können, die nichts für deren Bereitstellung bezahlen. Da öffentliche Güter auch ohne Entgelt belastet oder übernutzt werden können, werden sie in zu geringem Masse bereitgestellt oder werden degradiert. Typische öffentliche Güter im Umweltbereich sind z.B. die Artenvielfalt, die Klimastabilität, die Assimilationskapazität der Umwelt für Schadstoffe oder der Wasserkreislauf.

Externe Effekte und öffentliche Güter sind in der Wirtschaftswissenschaft als Marktversagen anerkannt und rechtfertigen politische Eingriffe. Zur Umweltbewertung und zu möglichen umweltökonomischen Instrumenten liegen heute zahlreiche Grundlagenwerke vor (z.B. Pearce / Turner 1990, Pearce / Warford 1993). Das staatliche Handeln ist freilich auch nicht vor Versagen gefeit. Die korrigierenden Eingriffe des Staates sollten daher nach Massgabe ihrer Wirksamkeit und Effizienz konzipiert werden. Eine zentrale Rolle kommt dabei marktwirtschaftlichen Instrumenten zur Internalisierung der externen Effekte zu, wie z.B. einer CO_2-Lenkungsabgabe, die über Anreize auf die Wirtschaftsakteure einwirken, ihnen Freiheit lassen in Bezug auf die konkreten Wege und Massnahmen zur Belastungsverminderung und die Innovation fördern.

Ein besonderes Allokationsproblem des Marktes stellt aus Nachhaltigkeitssicht die Berücksichtigung der Zeitdimension dar. Zum einen geht es um die Fristigkeit der Handlungsoptik und die Vorausschau auf die Zukunft, was exemplarisch anhand der Rohstoffmärkte dargestellt werden soll. Ob wegen der Erschöpfbarkeit nicht erneuerbarer Ressourcen Massnahmen zur Verringerung des Ressourcenverbrauchs zu ergreifen sind, wird in Wissenschaft und Politik kontrovers diskutiert. Eine in die Marktwirtschaft vertrauende Position unterstellt, dass die Rohstoffmärkte effizient seien und über eine genügende Voraussicht über zukünftige Knappheiten verfügten. Die Ressourcenökonomie postuliert, dass sich in einem perfekten Markt die künftige Knappheit schon heute über die so genannten «User Costs» im Preis äussert, die einen Preiszuschlag in der Gegenwart für die grössere Knappheit bzw. entgangenen Nutzen in der Zukunft darstellen. Die in den späten 1980er und in den 1990er Jahren real sinkenden Rohstoff-, insbesondere Energiepreise, wurden daher so interpretiert, als stünden keine Angebotsverengungen bevor.

Dieser Sichtweise werden von kritischeren Akteuren anders lautende Argumente entgegengehalten. Die Effizienz der Rohstoffmärkte wird in Frage gestellt. Die Preise widerspiegelten nicht die effektiven langfristigen

Knappheitsverhältnisse, sondern seien vielmehr ein Ergebnis der zu kurzfristigen Orientierung der Rohstoffmärkte, ferner der Machtverhältnisse in der Weltwirtschaft und der weltweiten Verschuldungssituation, wodurch Entwicklungsländer zu einer zu raschen Ausbeutung ihrer Rohstoffreserven gezwungen würden.
Klar ist in jedem Fall, dass Knappheiten bei jenen Umweltgütern, die Kollektivgutcharakter haben oder bei denen Externalitäten eine massgebliche Rolle spielen, nicht durch Preissignale angekündigt werden. Dies betrifft so wichtige Themenfelder wie die Biodiversität oder den Klimaschutz. Dadurch wird ein Überschreiten der biosphärischen Grenzen begünstigt («Overshoot»).
Einen anderen Aspekt der Berücksichtigung der Zeitdimension bildet die Diskontierung. Die Diskontierung ist der umgekehrte Vorgang der Verzinsung und stellt eine negative Prämie für das Warten auf zukünftige Erträge dar. Die Diskontierung trägt dem Umstand Rechnung, dass Wirtschaftssubjekte ein gegenwärtiges Einkommen einem in Zukunft anfallenden Einkommen vorziehen. Ein Betrag von 1000.– Franken in fünfzig, zehn oder gar nur einem Jahr vom gegenwärtigen Zeitpunkt entfernt ist – unabhängig von einer allfälligen inflatorischen Geldentwertung – weniger wert, als wenn das Einkommen heute anfallen würde. Denn der Betrag könnte heute angelegt werden und würde im Laufe der Zeit im Wert ansteigen. Bei einem Verzinsungssatz von 5% würden 1000.– Franken in fünfzig Jahren auf einen Wert von 11467.40 Franken anwachsen.

Während die allgemein bekannte Zinseszinsformel

$$x_n = x_0 (1 + i)^n$$

lautet, wobei

x_0 = Betrag zum Zeitpunkt 0
x_n = Betrag im n-ten Jahr
i = Jahreszinssatz (Y% = $^{Y}/_{100}$)
$(1 + i)^n$ = Verzinsungsfaktor

so lautet die Diskontierungsformel

$$x_0 = \frac{x_n}{(1+i)^n},$$ wobei $1/(1 + i)^n$ = Abzinsungs- bzw. Diskontierungsfaktor.

Gemäss der Diskontierungsformel wäre also z.B. ein Betrag von 1000.– Franken, der in zehn Jahren anfällt, auf heute abdiskontiert 613.90 Franken wert, ein in zwanzig Jahren anfallender Betrag gar nur 376.90 Franken. Die Diskontierung ist ein allgegenwärtiger Vorgang im Wirtschaftsleben. So werden z.B. Bodenpreise durch die Diskontierung jährlich anfallender Grundrenten gebildet. Er ist in der Umweltökonomie auch auf die Nutzung von Umweltgütern übertragen worden, was zu Konzepten wie dem «optimalen Verbrauch» natürlicher Ressourcen führte. Dies beinhaltet einen mit der Gegenwartspräferenz ökonomisch legitimierten Verzehr von Umweltgütern durch die heutige Generation zulasten künftiger Generationen. Dieser Ansatz ist aus Nachhaltigkeitssicht kritisch zu hinterfragen, vor allem wenn es um die Degradation von «Life Support Services» geht. Aus ethischen Gründen der intergenerationellen Gerechtigkeit ist nicht zu legitimieren, dass die heutige den kommenden Generationen lebenserhaltende Ökosystemleistungen entzieht.

Distribution

Der Begriff der Distribution bezieht sich auf die Einkommens- und Vermögensverteilung, die sich als Ergebnis des Marktprozesses einstellt. Er besitzt seine Brisanz wegen der stets vorhandenen Frage der Verteilungsgerechtigkeit. Zwischen Allokation und Verteilung kommt es immer wieder zu Konflikten, weil in der Realität eine gesamtwirtschaftlich verbesserte Allokation meist für gewisse Bevölkerungskreise Nachteile mit sich bringt. Wie schon in Kapitel 1 dargelegt wurde, stellen sich sowohl global wie auch national schwerwiegende Verteilungsprobleme, die den sozialen Zusammenhalt und die friedliche Ordnung zwischen den Staaten in Frage stellen. Eine optimale Verteilungsgerechtigkeit ist kaum präzis zu definieren. Aber das Auseinanderdriften nationaler Gesellschaften und der Weltgesellschaft stärkt zweifellos die politischen Spannungen und hilft nicht einer Politik, welche die Weltgemeinschaft auf eine Respektierung der biosphärischen Grenzen hinleiten soll. Nicht zu krasse Verteilungsunterschiede sind Voraussetzung für Stabilität, sozialen und politischen Frieden, die wiederum eine Bedingung für eine gedeihliche wirtschaftliche Entwicklung darstellen.

Aus Sicht der Nachhaltigen Entwicklung ist die Verteilungsfrage auch im Zusammenhang mit dem nachfolgenden Thema des Umfangs des sozioökonomischen Subsystems der Biosphäre und mit der Wachstumsdebatte von Bedeutung. Seit der industriellen Revolution wurde die Verteilungsfrage nicht nur durch Umverteilung anzugehen versucht, sondern vor allen Dingen durch wirtschaftliches Wachstum. Eine Vergrösserung des «Kuchens» soll seit jeher die Verteilungskämpfe dämpfen. Heute stösst eine Politik des physisch-quantitativen Wachstums an Grenzen, so dass zukunftstauglichere Ansätze erforderlich werden.

Umfang («Scale»): Einschätzung des Wirtschaftswachstums

Die dritte Anforderung, die an jedes ordnungspolitische System gestellt ist, betrifft die Frage, ob selbstregulierende Steuerungsmechanismen vorhanden sind, die auf die Beachtung der biosphärischen Grenzen hinwirken. Problemhintergrund ist die in Kapitel 1 dargelegte Erreichung, wenn nicht sogar Überschreitung («Overshoot») dieser Grenzen durch das expandierende menschliche wirtschaftlich-gesellschaftliche Subsystem. Wir gelangen dabei zur Debatte um die Vereinbarkeit von Wirtschaftswachstum und Nachhaltigkeit.

Unser Wirtschaftssystem beruht auf wirtschaftlichem Wachstum. Für dessen Stabilität ist exponentielles Wachstum erforderlich, ein Wachstum mit einer jährlichen Rate von mehreren Prozent. Dabei ist die Dynamik des exponentiellen Wachstums in Erinnerung zu rufen. Als Faustregel verdoppelt sich ein exponentiell wachsendes Phänomen in folgendem Jahreszeitraum: 70 dividiert durch die jährliche Wachstumsrate. Bei 2% jährlichem Wachstum erfolgt die Verdoppelung in 35 Jahren, bei 3% in rund 23 Jahren, bei 5% in 14 Jahren. Der Sprengstoff in der erwarteten globalen wirtschaftlichen Entwicklung bis nur schon in die Mitte dieses Jahrhunderts ist offensichtlich, wenn man sich die um 5% liegenden Wachstumsraten der Weltwirtschaft – und den Anstieg der Weltbevölkerung auf rund neun bis zehn Milliarden Menschen – vergegenwärtigt.

Eine Auseinandersetzung mit den Auswirkungen des Wirtschaftswachstums auf Gesellschaft und Umwelt ist erforderlich, weil das Wirtschaftswachstum einerseits wegen der positiven Wirkungen namentlich in den wirtschaftlichen und sozialen Zieldimensionen, punkto Wohlstand und Finanzierung sozialer Errungenschaften aktiv gefördert wird, gleichzeitig aber auch viele nachhaltigkeitsrelevante Probleme wie z.B. die Zunahme der Mobilität, des Energie- oder Bodenverbrauchs massgeblich beeinflusst.

Ob das Wirtschaftswachstum tatsächlich nachteilig auf die Umweltdimension wirkt, ist Gegenstand kontroverser Debatten (seco 2002). Dabei ist auf das Konzept der «Environmental Kuznets Curve» (siehe Abbildung 6) zu verweisen. Dieses nimmt Bezug auf den russisch-amerikanischen Ökonomen Simon Kuznets (1901 – 1985), der – unabhängig von der Umweltfrage – langfristige, durch die technologische Entwicklung getriebene Wirtschaftszyklen postulierte. Diese Überlegung wurde auch auf das Verhältnis zwischen wirtschaftlichem Wachstum und Umweltsituation übertragen. Es wird die Hypothese vertreten, dass im Zeitablauf eine wachsende Wirtschaft (y/pop = Pro-Kopf-Einkommen) zunächst steigende Umweltbelastungen oder Emissionen erzeuge (e/pop = Emissionen pro Kopf der Bevölkerung), die mit der Zeit jedoch wieder sinken würden. Als Gründe werden u.a. die mit einem höheren Einkommensniveau steigende Präferenz der Bevölkerung für eine intakte Umwelt und der wirtschaftliche Strukturwandel angeführt, der in höher entwickelten Volkswirtschaften weg von der material- und energieintensiven Industrieproduktion und hin zu einer ressourcenleichteren Dienstleistungswirtschaft verlaufe.

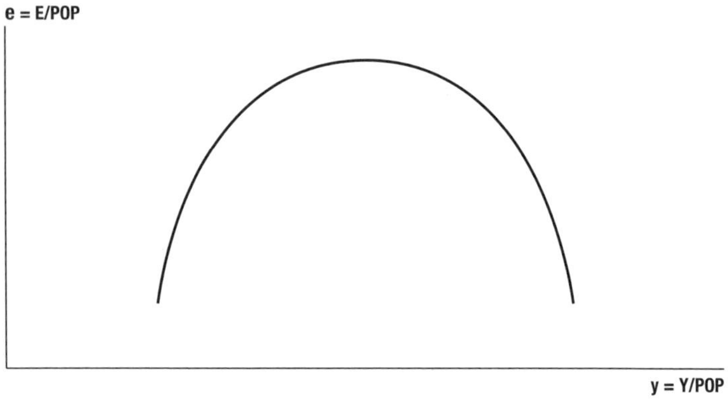

Abb. 6: Environmental Kuznets Curve (seco 2002, S. 125)

In der Tat stellt man z.B. in der Schweiz fest, dass sich in den letzten Jahrzehnten viele Umweltprobleme entschärften. So wurden bei der Wasserqualität, der Luftverschmutzung, in Bezug auf Stoffe und Abfälle markante Fortschritte erzielt. Trotz Effizienzverbesserungen haben sich jedoch die absoluten Werte bei vielen Umweltbelastungen weiter erhöht. So nimmt beispielsweise der Energieverbrauch trotz gesteigerter Nutzungseffizienz zu, weil die Bevölkerung und die Mobilität wachsen und immer mehr technische Geräte eingesetzt werden. Oder der Bodenverbrauch erhöht sich infolge steigender Einwohnerzahl, sinkender Haushaltgrössen und wachsender Flächenansprüche.
Zur Environmental Kuznets Curve sind einige kritische Ergänzungen anzubringen. Falls sie in der Überlegung, die Umweltentlastung erfolge mit der Zeit automatisch, quasi naturgesetzlich, als Argument gegen umweltpolitische Eingriffe verwendet werden sollte, so ist dem entgegenzuhalten, dass überall dort, wo eine nennenswerte Entkoppelung eingetreten ist, aktives politisches Handeln vorausging. Mit dem Wachstum stellt sich ein höheres ökologisches Leistungsniveau nicht automatisch ein, sondern bedarf bewusster politischer Gestaltung.
Zweitens erfolgte die Entkoppelung bisher vor allem dort, wo Massnahmen des technischen Umweltschutzes eingesetzt werden konnten, wie z.B. im Gewässerschutz oder bei der Bekämpfung der lokalen Luftverschmutzung. In anderen Bereichen wie etwa dem Artenschutz, dem Bodenverbrauch, dem Landschaftsschutz, aber auch bei den CO_2-Emissionen, trat die Entkoppelung bisher nicht oder nur sehr partiell ein.
Drittens ist eine Entkoppelung in der Vergangenheit keine Garantie, dass auch die künftige Entwicklung günstig verlaufen wird. So können zunehmende Grenzkosten der Schadensvermeidung weitere Reduktionen behindern. Oder das Wirtschaftswachstum kompensiert relative Verbesserungen durch das überproportionale Wachstum der Volumina («Rebound-Effekt»).
Viertens ist gerade das Argument des wirtschaftlichen Strukturwandels trügerisch. Wenn die Grundstoffindustrien zunehmend in Länder des Südens ausgelagert werden, so entlastet dies zwar die Umwelt in den Industrieländern, verschlechtert sie hingegen an den Zielorten der Industrieverlagerung. Letztlich müssten die globalen Auswirkungen von Produktion und Konsum erfasst werden können.

Die Environmental Kuznets Curve, so sie sich in der Realität überhaupt einstellt, darf daher nicht als naturgesetzliche Entwicklung interpretiert werden. Eine dauerhafte Entkoppelung von wirtschaftlicher Entwicklung und Umweltverbrauch ist – wenn überhaupt – nur durch bewusste politische Einflussnahme zu erreichen.

Allerdings bilden die Auswirkungen einer fortschrittlichen Umweltpolitik auf die Wettbewerbsfähigkeit der einheimischen Wirtschaft einen kontroversen Diskussionspunkt. Tatsächlich können sowohl belastende als auch fördernde Effekte vorliegen. Höhere Kosten für Umweltschutz stellen Belastungen dar, die die Wettbewerbsfähigkeit beeinträchtigen können. Eine spürbare CO_2-Abgabe würde beispielsweise energieintensive Industrien wie die Zementindustrie stark treffen. Von einer fortschrittlichen Umweltpolitik können aber auch Innovationsanreize für einen Strukturwandel in die Richtung moderner, energie- und rohstoffextensiver Industrien ausgehen (z.B. Umweltschutzindustrie). Im Übrigen wird eine intakte Umwelt zu einem immer wichtigeren Faktor bei Standortentscheiden von Unternehmen mit hoch qualifiziertem Personal und hoher Wertschöpfung (zunehmende Bedeutung «weicher» Standortfaktoren gegenüber «harten», wie z.B. Infrastrukturausstattung).

Ein vergleichender Blick auf verschiedene Länder macht deutlich, dass die politische Gestaltbarkeit grösser ist, als gemeinhin angenommen wird. Im Rahmen des Weltentwicklungsberichts 2003 untersuchte die Weltbank mit einem weltweiten Fokus den Zusammenhang zwischen Wirtschaftswachstum (jährliche Wachstumsrate des Bruttoinlandproduktes) und Umweltbelastung. Darin flossen folgende Indikatoren ein: Entwaldungsrate, Gewässerbelastung, Pro-Kopf-CO_2-Emissionen (World Bank 2003, S. 26). Dabei wurde festgestellt, dass sehr unterschiedliche Kombinationen der beiden Dimensionen anzutreffen sind: hohes wirtschaftliches Leistungsniveau kann mit hohen oder tiefen Umweltbeeinträchtigungen einhergehen und umgekehrt. Dies heisst, dass der politische Gestaltungsraum beträchtlich ist. Dieser Befund wird auch durch Länderrankings, wie z.B. Wellbeing of Nations oder Environmental Sustainability Index ESI (vgl. Unterkapitel 6.1), bestätigt. Diese zeigen, dass vor allem skandinavische Länder sehr gut in der Lage sind, die wirtschaftliche Entwicklung mit einem hohen Umweltschutz-, aber auch sozialpolitischen Leistungsniveau zu vereinbaren.

Interessant ist in diesem Zusammenhang auch eine Beurteilung der Organisation für wirtschaftliche Zusammenarbeit und Entwicklung (OECD) in ihrem Länderbericht Schweiz 2003, in welchem deren Wachstumsschwäche in den 1990er Jahren untersucht wird (OECD 2004). Diese sei nicht auf den Umweltschutz zurückzuführen. Gemäss OECD liegen die Gründe hauptsächlich in einer wenig wettbewerblichen Wirtschaftsverfassung der Schweiz: Schleppende Strukturreformen und ungenügender Wettbewerb behinderten das Wachstum. Allerdings verweist die OECD auf die Notwendigkeit, die Umweltpolitik möglichst effizient zu gestalten, und zieht eine gemischte Bilanz im Umweltschutz, weil gute Resultate nur auf vergleichsweise teurem Weg erreicht werden. Deshalb wird empfohlen, vermehrt marktwirtschaftliche Instrumente, wie z.B. eine CO_2-Abgabe, einzusetzen.

Neben dieser empirischen Evidenz wird auch durch viele wissenschaftliche Untersuchungen belegt, dass Entkoppelung technisch und wirtschaftlich machbar ist (Meier u.a. 1998, Prognos 1999, Ecoplan 1999). Ob sich dies allerdings auch in einer längerfristigen, mehrere Jahrzehnte umfassenden Optik und bezogen auf die notwendigen starken absoluten Senkungen bei Schadstoffen wie CO_2 realisieren lässt, bleibt eine offene Frage.

Die Erfahrung zeigt, dass in wachsenden Wirtschaften Verteilungskämpfe weniger hart sind und das Umweltbewusstsein steigt. Die durch das Wachstum ausgelösten Volumeneffekte zehren aber immer wieder Effizienzgewinne in der Nutzung von Energie und natürlichen Ressourcen auf. Um die sozioökonomische Entwicklung verstärkt vom Umwelt- und Ressourcenverbrauch zu entkoppeln, sind zusätzliche Anstrengungen in Politikbereichen wie der Umwelt-, Energie- und Verkehrspolitik oder der Raumplanung unerlässlich. Diese müssen über griffige, am Entkoppelungserfordernis orientierte Zielvorgaben verfügen. Auf der Ebene der Massnahmen und Instrumente ist nach möglichst effizienten Lösungen zu suchen.

Nach der Behandlung von Allokation, Distribution und Umfang («Scale») sollen nachfolgend zwei Fragestellungen vertieft werden, die mit den drei genannten Aspekten eng verwoben sind: die Rolle der Technologie sowie Globalisierung und Freihandel.

Die Rolle der Technologie

Die technologische Entwicklung wurde schon bei der Erörterung der Konzepte der starken und schwachen Nachhaltigkeit und im Zusammenhang mit der Allokationseffizienz des Marktes angesprochen. Die Beurteilung der Technologie ist von grundlegender Bedeutung für die Nachhaltige Entwicklung. Technologieoptimisten argumentieren, dass der technische Fortschritt quasi von alleine, ohne politische Einflussnahme die wichtigsten Nachhaltigkeitsprobleme lösen werde. So wird etwa die Endlichkeit der fossilen Energieträger als unproblematisch betrachtet, weil der technische Fortschritt immer neue Funde, eine immer bessere Ausnützung von Rohstofflagerstätten (Gewinnungseffizienz), eine laufend steigende Nutzungseffizienz ermögliche sowie zu gegebener Zeit Ersatzressourcen bzw. -technologien (z.B. Fusionsenergie) zur Substitution erschöpfter Ressourcen zur Verfügung stelle, wodurch die Grenzen der Erschöpfbarkeit immer weiter hinausgeschoben werden könnten. Der technische Fortschritt werde auch die Ernährungsprobleme einer Welt von neun bis zehn Milliarden Menschen um 2050 lösen. Neue schädlingsresistente oder auf versalzten Böden wachsende Pflanzen, die überdies immer höhere Erträge brächten, würden durch die gentechnologische Forschung ermöglicht. Der technische Fortschritt werde auch die Emissionsprobleme der Industriegesellschaft lösen, durch laufend optimierte Automotoren, durch technische Möglichkeiten der Emissionsbeschränkung in der Energieproduktion, wie z.B. die Herausfilterung (Sequestrierung) von CO_2, usw. Ferner würde der technische Fortschritt die Wirtschaft dematerialisieren, wofür als Argument immer kleinere, weniger Material beanspruchende Produkte wie die Mobiltelefone dienen.

Es darf jedoch nicht vergessen werden, dass die technologische Entwicklung, häufig auch in Verbindung mit veränderten Konsumgewohnheiten, Ursache vieler Probleme darstellt. In der Tat werden Autos immer energieeffizienter. Gleichzeitig werden aber immer schwerere und grössere Fahrzeuge, wie z.B. Geländewagen oder Wagen der Luxusklasse, nachgefragt und hergestellt, so dass der Effizienzgewinn wieder zunichte gemacht wird. Oder die Dematerialisierung pro Produkteeinheit wird durch das Wachstum der Nachfrage überkompensiert, wie dies etwa für die Mobiltelefone gilt. Der technische Fortschritt hat in der Vergangenheit auch so problematische Stoffe wie die Fluorchlorkohlenwasserstoffe

(FCKW), welche die stratosphärische Ozonschicht abbauen, oder Umweltgifte wie DDT hervorgebracht. Nur entschlossenes politisches Handeln hat sie weitgehend von der Anwendung verbannt.
Technischer Fortschritt ist auch häufig von unerwünschten Nebenwirkungen begleitet. Um auf die Rohstofffrage zurückzukommen, schiebt die durch die Verbesserung der Prospektionstechnik vorangetriebene Suche nach neuen Lagerstätten die Nutzungsgrenze in immer teurere (Offshore, arktische Gebiete), ökologisch problematische (Rohstoff-, Energieförderung in ökologisch empfindlichen Gebieten) und risikobehaftete Regionen hinaus (die bekannten grossen Erdöl- und Erdgasvorräte liegen in Regionen politischer Instabilität, z.B. im Nahen Osten, in der ehemaligen Sowjetunion). Auch sind die erhofften neuen Ersatzressourcen oder -technologien zur Substitution erschöpfter Ressourcen, insbesondere bezüglich des Ersatzes fossiler Energiequellen (z.B. Fusionsenergie), nicht belastungsfrei (z.B. radioaktive Abfälle) oder mit Grossrisiken verbunden (Atomkatastrophen).
Der technologische Fortschritt ist zweifelsohne ein zentraler Faktor bei der Bewältigung vieler Nachhaltigkeitsherausforderungen. Damit dies aber eintritt, sind geeignete politische Randbedingungen unerlässlich. Dazu zählt die Kostenwahrheit. Wenn die Energiepreise tatsächlich alle verursachten, also auch die externen Kosten enthalten würden – würde der technische Fortschritt auch verstärkt in die Richtung höherer Energieeffizienz gelenkt. Ein anderes wichtiges Element sind klare Haftungsregeln. Damit erhalten Unternehmen, die z.B. neue chemische Produkte in Umlauf setzen wollen, Anreize für sorgfältige Prüfungen und Abklärungen über die Auswirkungen. Schliesslich werden herkömmliche ordnungsrechtliche Massnahmen (Auflagen, Gebote, Verbote, Kontrollen) unverzichtbar bleiben.

Globalisierung und Freihandel

Der seit einigen Jahrzehnten sich beschleunigende Globalisierungsprozess ist stark durch die technologische Entwicklung, insbesondere die Informations-, Kommunikations- und Verkehrstechnologie angetrieben worden. Heute können Produktionsprozesse beliebig auf Einzelschritte aufgesplittert und irgendwo auf dem Globus angesiedelt werden. Der Freihandel wird aber auch politisch gestaltet, indem sich die Staaten

bilateral, in Grossregionen wie der Europäischen Union oder im Rahmen der Welthandelsorganisation (WTO) aktiv um eine Verringerung staatlicher Handelsschranken bemühen.
In der Debatte um die Vor- und Nachteile des Freihandels, die heute insbesondere im Kontext der Welthandelsorganisation WTO geführt wird, sind aus Sicht der Nachhaltigkeit zwei grosse Stränge zu unterscheiden (Sampson 2005, Daly / Farley 2004, S. 307ff., Senti 2006). Der eine betrifft die Wechselwirkungen mit der Entwicklung der armen Länder, der Armutsbekämpfung und verschiedenen Aspekten der sozialen Entwicklung (z.B. Gesundheitsfragen), der andere die Zusammenhänge zwischen Handel um Umwelt.

Handel und Soziales
In Bezug auf den ersten Aspekt wird von Verfechtern des Freihandels seit jeher mit der Theorie der komparativen Kostenvorteile argumentiert, die auf den klassischen Ökonomen David Ricardo (1772 – 1823) zurückgeht. Dessen Theorie besagt, dass die Vorteilhaftigkeit des Handels zwischen zwei Ländern nicht von den absoluten Produktionskosten abhängt, sondern von den relativen Kosten der produzierten Güter zueinander. Grundsätzlich ist demnach der Handel zwischen zwei Ländern immer vorteilhaft, wenn bei beiden Handelspartnern unterschiedliche Produktionskostenstrukturen existieren, d.h. wenn ein Land für ein produziertes Gut auf weniger Einheiten eines anderen Gutes verzichten muss als das andere Land (niedrigere Opportunitätskosten). In diesem Fall sollte jedes Land sich auf das Gut spezialisieren, das es relativ günstiger herstellen kann. Gemäss dieser Hypothese sind internationaler Handel und internationale Arbeitsteilung für sämtliche Länder von Vorteil und selbst für solche, die alle Güter nur zu höheren Kosten erzeugen können als das Ausland. Sie müssen sich nur auf die Produktion jener Güter spezialisieren, die sie vergleichsweise (komparativ) am günstigsten herstellen können.
Ricardos Theorie beruht auf einer restriktiven Annahme. Es wird nur freier Güterhandel angenommen. Zwischenstaatlicher Kapitalverkehr ist in seinem Modell jedoch ausgeschlossen. Die Lockerung dieser restriktiven und in der heutigen Welt realitätsfremden Annahme bedeutet, dass Produktionsverlagerungen aufgrund von absoluten Kostenvorteilen vor-

genommen werden können. Es ist nicht mehr zwingend so, dass alle vom Freihandel gewinnen. Diejenigen Länder oder Regionen mit absoluten Kostennachteilen können auch verlieren. Freihandel führt also nicht automatisch zu Gewinnen für alle (Daly 1996, S. 143ff.).

Gleichwohl wird heute kaum noch bestritten, dass Freihandel das wirtschaftliche Wachstum über verschiedene dynamische Prozesse ankurbelt. Eine schärfere Konkurrenz fördert Innovation und Effizienz der Wirtschaft, die letztlich die gesamtwirtschaftliche Produktivität ansteigen lassen. Durch Spezialisierungen verbunden mit grösseren Marktreichweiten lassen sich Grössenvorteile in der Produktion realisieren. Dies alles sind Grundlagen einer wachsenden Wirtschaft. Die empirische Evidenz deutet auch darauf hin, dass Staaten, die sich in die internationale Arbeitsteilung integrieren und sich dem Welthandel öffnen, über alles gesehen ein stärkeres wirtschaftliches Wachstum erreichen (seco 2002). Dies alleine garantiert noch keine umfassende gesellschaftliche Entwicklung und eine Verteilungsgerechtigkeit, erleichtert aber diesbezügliche Bestrebungen.

Der Freihandel ist dennoch mit Blick auf Armutsbekämpfung und soziale Entwicklung umstritten. Unter dem Gesichtspunkt der sozialen Nachhaltigkeitsdimension werden heute auf weltweiter Ebene – insbesondere in der WTO – vor allem folgende Themen kontrovers diskutiert:

- *Auswirkungen der Marktöffnung auf die Ärmsten:* Wie schon anhand der Relativierung von Ricardos komparativer Kostentheorie erwähnt, ist der Freihandel nicht zwingend ein Gewinnspiel für alle. Die heute bestehenden WTO-Verträge erlauben immerhin spezielle, vom allgemeinen Freihandelsgrundsatz abweichende Ausnahmeregelungen für Entwicklungsländer, etwa als Starthilfe beim Aufbau eigener Industrien («Special and Differential Treatment»). Die genaue Ausgestaltung der Handelsregeln ist daher von grosser Bedeutung. Diese Problematik kann anhand der in der Doha-Welthandelsrunde geführten Verhandlungen zur Liberalisierung des Agrarhandels verdeutlicht werden. Seit langem verfügen die afrikanischen Staaten über einen Zugang zum europäischen Markt zu Vorzugsbedingungen. Wenn der Agrarhandel unbesehen liberalisiert würde, bestünde die Gefahr, dass grosse Agrarexporteure aus Industrie- und Schwellenländern die ärmsten Länder verdrängen würden, was der weiteren Verarmung Afrikas Vorschub leisten könnte.

- *Geistige Eigentumsrechte:* Die im Rahmen des WTO-Abkommens über geistige Eigentumsrechte (TRIPS, Agreement on Trade-Related Aspects of Intellectual Property Rights) etablierten Regelungen für geistige Eigentumsrechte stehen in einem Spannungsverhältnis zur Biodiversitätskonvention und stellen einen Streitpunkt zwischen wirtschaftlichen Interessen von Pharma- und Biotechnologieunternehmen bzw. sie repräsentierenden Staaten und solchen Akteuren, welche die Interessen indigener Völker vertreten, dar. Während die Biodiversitätskonvention die Eigentumsrechte an genetischen Ressourcen den sie beherbergenden Staaten zuweist und stipuliert, dass diese für die Gewährung des Zugangs zu entschädigen seien, anerkennt das TRIPS-Abkommen zeitlich befristete Patente auf Erfindungen. Wenn solche auf genetischen Ressourcen basieren, ohne dass die Staaten oder indigenen Völker, aus denen sie stammen, entschädigt werden, entsteht der Vorwurf der Biopiraterie.
- *Versorgung mit Medikamenten und Gesundheitsgütern:* Mit den geistigen Eigentumsrechten verknüpft ist die Frage der Zugangsbedingungen ärmerer Staaten zu Medikamenten und Gesundheitsgütern, die wegen des Patentschutzes häufig nur zu Preisen zu erstehen sind, die sich diese Staaten nicht leisten können. Dies wirft besonders dann hohe Wellen, wenn Medikamente gegen Epidemien wie Malaria oder HIV/AIDS betroffen sind, die ganze Volkswirtschaften bedrohen können. Sollen die betroffenen Staaten in akuten Situationen Medikamente zu Vorzugsbedingungen beziehen können, oder soll ihnen erlaubt sein, Eigenproduktion unter Umgehung des Patentschutzes vorzunehmen?
- *Dienstleistungen und Grundversorgung:* Als Folge der Bestrebungen zur Ausweitung des Freihandels über den Industriesektor hinaus sind die Dienstleistungen Gegenstand von Kontroversen geworden. Bei einer vermehrten Ausrichtung auf Marktprinzipien und einer Verschärfung des Wettbewerbs können sich Verteilungsprobleme zuspitzen. Politisch ist dies besonders relevant, wenn es um solche Dienstleistungen geht, die an der Schnittstelle zu hoheitlichen Aufgaben stehen, oder wie Bildung, Gesundheitsdienste, Wasser- oder Energieversorgung einen ausgeprägten Grundversorgungscharakter aufweisen.

- *Sozialstandards und Menschenrechte:* Vor allem in den Staaten des Nordens, die über ein hohes Sozialschutzniveau verfügen, wird der Vorwurf gegenüber den Ländern des Südens erhoben, ihre niedrigeren Sozialstandards oder die Missachtung der Menschenrechte kämen einer Wettbewerbsverzerrung gleich und rechtfertigten Handelsbeschränkungen gegen deren Produkte. Nicht selten entsteht auch wegen ethisch-moralischen Forderungen der nördlichen Konsumenten in Bezug auf die Herstellungsweise von Gütern aus dem Süden (Kinder-, Zwangsarbeit, Mindestlöhne, Versammlungs- und Gewerkschaftsfreiheit etc.) ein Druck über den Marktprozess selber. Insbesondere die Länder des Südens stellen sich jedoch gegen eine Konditionalität beim Marktzugang zum Norden und betrachten diese als Behinderung ihrer Entwicklungsbestrebungen.

Handel und Umwelt
Umstritten sind auch die Auswirkungen des Freihandels auf die Umwelt. Freihandel kann positiv auf die Umwelt wirken, wofür üblicherweise folgende Argumente angeführt werden:

- *Abbau von Ineffizienzen:* Wettbewerb und Effizienzorientierung lassen unproduktive Industrien, die meistens auch umweltschädigend produzieren, vom Markt verschwinden. Dies erfuhr beispielsweise in schmerzlicher Weise die osteuropäische Industrie nach dem Fall des Eisernen Vorhangs in den 1990er Jahren. Ein ähnlich gelagertes Argument zielt dahin, dass Welthandelsliberalisierungen einen Abbau von Subventionen und Markteingriffen, etwa im Agrar- oder Fischereisektor, verlangen. Wenn diese Markteingriffe die Umwelt schädigen, weil sie übermässige Produktionsintensitäten oder Übernutzungen begünstigen, führt deren Verminderung zu einer allseitigen Lageverbesserung («Win-win-Lösung»).
- *Verminderung armutsbedingter Umweltdegradierungen:* Indem bzw. sofern Freihandel die Armut verringert, leistet er einen Beitrag gegen die armutsbedingten Umweltzerstörungen. Wenn Menschen nicht mehr in extremer Armut leben, kann sich ihr Zeithorizont bei Handlungsentscheiden verlängern (siehe Diskussion zur Diskontierung weiter oben). Auch vermindert sich ihre direkte Abhängigkeit von der unmittelbaren physischen Umwelt. Indem sie zum Beispiel in die Lage

versetzt werden, kommerzielle Energieträger zu erstehen, verringert sich der Druck auf das Brennholz und auf die lokalen Naturressourcen.

- *Verbesserte Verfügbarkeit von Gütern und Dienstleistungen, die dem Umwelterhalt dienen:* Dank Freihandel wird der Technologietransfer vom Norden in den Süden begünstigt. Dadurch werden moderne, in der Regel auch effizientere und sauberere Produktionstechnologien leichter verfügbar. Neben der produzierenden Industrie profitieren davon auch Sektoren wie die Abfall-, die Wasser- oder die Energiewirtschaft, wodurch die lokale Umweltsituation in den Ländern des Südens verbessert werden kann.
- *Generierung von Mitteln für die Durchführung von Programmen zur Verbesserung der Umweltsituation:* Wenn Freihandel über Wachstum auch dem Staat und den Gebietskörperschaften mehr Mittel zuführt, können diese vermehrt in Programme zur Trinkwasserversorgung, zur Siedlungsentwässerung, im Abfallwesen und dergleichen investieren.

Diesen Thesen zu den positiven Wirkungszusammenhängen zwischen Freihandel und Umwelt können aber auch entgegengesetzte Argumente gegenübergestellt werden, wie z.B.:

- *Erschwerung nationaler Umweltpolitik:* Der internationale Wettbewerbsdruck erschwert nationalstaatliches Handeln in der Umweltpolitik und kann aus Nachhaltigkeitssicht wichtige Massnahmen behindern. So wurde im Jahr 2000 anlässlich einer Volksabstimmung in der Schweiz die ökologische Steuerreform, also die Umlagerung der Steuerlast von der Arbeit auf die Energie, mit dem Argument der Wettbewerbsverzerrung gegenüber dem Ausland erfolgreich bekämpft.
- *Umweltdumping:* Der internationale Standortwettbewerb gibt international tätigen Unternehmen Anreize und Möglichkeiten, umweltbelastende Produktionsprozesse an Standorte mit geringen Auflagen zu verlagern. Damit laufen fortschrittliche Umweltpolitiken einzelner Staaten Gefahr, dass ein Teil ihrer potenziellen Wirkungen über Verlagerungsprozesse zunichte gemacht wird.
- *Beschleunigung des Energie- und Materialdurchsatzes:* Globalisierung und Freihandel verstärken unter den heutigen Rahmenbedingungen einer nur bruchstückhaften globalen Umweltpolitik trotz der erzielbaren Effizienzgewinne physisch-quantitative Wachstumsprozesse, dehnen

die Stoffkreisläufe räumlich immer weiter aus und erhöhen den Energie- und Materialdurchsatz in der Weltwirtschaft (vgl. Diskussion zum Wirtschaftswachstum weiter oben).

Über Handel und Umwelt werden in der WTO kontroverse Debatten geführt, die um die Vereinbarkeit von Freihandel und umweltpolitischen Standards und Massnahmen in Einzelstaaten kreisen. Dabei geht es um eine ähnliche Problematik wie weiter oben bei den sozialen Mindeststandards und Menschenrechten. Es geht um die heikle Fragestellung der Auswirkung von umweltpolitischen Massnahmen auf den Handel und ob mit umweltpolitischen Argumenten Handelsbeschränkungen getroffen werden können. Die grundsätzliche Position der WTO lautet, dass alle Länder frei sind, eine nach ihren Präferenzen ausgerichtete Umweltpolitik (und auch Sozialpolitik) zu betreiben, dass aber die getroffenen Massnahmen nicht den Handel beschränken und zu Diskriminierungen führen dürfen. Namentlich die Entwicklungsländer sind gegenüber umwelt- und sozialpolitisch motivierten Einschränkungen des Marktzugangs zu den Industrieländern skeptisch eingestellt und wehren sich gegen jegliche Form von Konditionalität.

In diesem Zusammenhang ist auf zwei Rechtsfälle mit Meilensteincharakter innerhalb der WTO zu verweisen. Beim so genannten *Thunfisch-Delphin-Fall* anfangs der 1990er Jahre lagen die USA im Streit mit Mexiko, von wo sie keine Thunfischimporte mehr zulassen wollten, weil die mexikanischen Fangmethoden keine Rücksicht auf die Delphine nahmen. Es ging um die rechtliche Frage, ob die Produktionsmethoden eines Produktes, auch wenn sie keinen Einfluss auf die Qualität des Endproduktes haben, einem anderen Staat Rechtfertigungen für Handelssanktionen geben. Die WTO sprach sich gegen die USA aus. Im *Garnelen-Schildkröten-Fall* Ende der 1990er Jahre ging es um eine Auseinandersetzung zwischen den USA einerseits und Indien, Malaysia, Pakistan und Thailand andererseits. Ähnlich wie im Thunfisch-Delphin-Fall stellten sich die USA gegen den Import von frei gefangenen Garnelen aus Ländern, die nicht die amerikanische Gesetzgebung in Bezug auf den Schutz von Schildkröten respektierten. Auch in diesem Fall wurde gegen die USA entschieden.

Bei den Fragen der Vereinbarkeit von Freihandel und Umwelt gelangen wir zu einem institutionellen Problem. Die WTO hat einen auf die Förderung des Welthandels und eines diskriminierungsfreien Marktzugangs ausgerichteten Auftrag. Sie befasst sich zwar auch mit Schnittstellenfragen zur Umwelt und zur gesellschaftlichen Entwicklung. So verlangt der WTO-Vertrag, dass sich die Freihandelspolitik mit Nachhaltigkeitsfragestellungen auseinandersetzen soll. Im anlässlich der WTO-Gründung beschlossenen «Marrakesh Agreement» hält die Präambel fest, dass Freihandel in folgender Perspektive gestaltet werden soll: «Lebensstandard erhöhen, Vollbeschäftigung, grosse und stetig wachsende Realeinkommen und Nachfrage sicherstellen, Produktion und Handel mit Gütern und Dienstleistungen ausweiten, und dabei eine optimale Nutzung der Ressourcen dieser Welt in Übereinstimmung mit dem Ziel der *Nachhaltigen Entwicklung* gewährleisten, indem angestrebt wird, sowohl die Umwelt zu schützen und zu erhalten als auch die Mittel dafür in einer Weise zu vermehren, welche den Bedürfnissen und Anliegen auf allen Stufen der Entwicklung Rechnung trägt» (Übersetzung und Hervorhebung DW). Innerhalb der WTO befasst sich das «Trade and Environment Committee» mit den Zusammenhängen zwischen Umwelt und Handel. Gemäss Eigendarstellung basiert dessen Arbeit auf zwei Prinzipien: Erstens sei die WTO nur kompetent, sich mit dem Handel zu befassen. Mit anderen Worten ist ihre Aufgabe bei Umweltbelangen lediglich, Fragen zu studieren, die entstehen, wenn Umweltpolitiken eine bedeutende Auswirkung auf den Handel haben. Wenn zweitens das Komitee Probleme identifiziert, müssen seine Lösungen die Prinzipien des WTO-Handelssystems stützen.

Die WTO bleibt also klar auf die Förderung des Handels fokussiert. Sie ist die stärkste internationale Institution, nicht zuletzt auch dank den ihr gegebenen Streitschlichtungs- und Sanktionsmechanismen. Daneben gibt es nur vergleichsweise schwache, heterogene und zersplitterte internationale Regime im Umwelt- und Sozialbereich (Senti 2006, Schweizerischer Bundesrat 2005, S. 50, Roch / Perrez 2005). Bis heute fehlt eine UNO-Organisation für Umwelt; die Vereinten Nationen führen lediglich ein Umweltprogramm (UNEP). Daneben gibt es zwar mittlerweile zahlreiche multilaterale Umweltübereinkünfte (MEA, Multilateral Environment Agreements) wie die Rahmenkonvention über den Klimawandel oder die Biodiversitätskonvention, die aber nur selten die gleiche Universalität (Anzahl Mitgliedsländer) beanspruchen können wie die WTO

und meistens über weniger griffige Umsetzungs- und Sanktionsmechanismen verfügen.
Dieses institutionelle Ungleichgewicht bedeutet, dass Globalisierung und Welthandel sich in einem politischen Umfeld abspielen, das – auch wenn man die verschiedenen positiven Wirkungszusammenhänge anerkennt – systematische Kostenexternalisierungen zulässt. Es gibt bis heute keine Institution, die im internationalen Verkehr Kostenwahrheit herstellen würde. Der internationale Flugverkehr zahlt weder Mineralöl- bzw. Kerosinsteuern noch CO_2-Lenkungsabgaben. Es gibt bis heute auch nicht genügend griffige Ansätze, um globale öffentliche Güter wie die Artenvielfalt wirkungsvoll zu sichern, so dass die – oft illegale – Abholzung von Regenwäldern zur Absetzung des Holzes auf dem Weltmarkt zu einer Konsequenz des Welthandels zählt. Unter den heutigen Rahmenbedingungen treiben Globalisierung und Freihandel den Energie- und Materialdurchsatz der Weltwirtschaft an und begünstigen die quantitative Ausdehnung des sozio-ökonomischen Subsystems der Biosphäre über deren Belastungsgrenzen hinaus.
Aus Nachhaltigkeitssicht sind internationale Arbeitsteilung und Globalisierung nicht prinzipiell in Frage zu stellen, aber sie müssten sich innerhalb von nachhaltigkeitskompatiblen Randbedingungen bewegen, welche die eingangs zu diesem Unterkapitel genannten Aspekte Allokationseffizienz (Kostenwahrheit), Distribution (Verteilungsgerechtigkeit) und Umfang / «Scale» (Respektierung biosphärischer Grenzen) umfassen. Letztlich braucht es globale Rahmenbedingungen, die eine ressourcenleichte und gerechte Globalisierung fördern. Von einer solchen umfassenden Rahmensetzung sind wir zur Zeit noch weit entfernt.

3.4 Zielgrössen

Zielbereiche, Kriterien oder Postulate der Nachhaltigen Entwicklung, wie sie in Unterkapitel 2.5 dargelegt wurden, zeigen qualitativ die verschiedenen Zielrichtungen Nachhaltiger Entwicklung auf. Quantitative Zielwerte für die einzelnen Zielbereiche wären als Entscheidungshilfen wünschbar. Sie lassen sich in der Regel jedoch nur schwierig festlegen und fehlen auch heute noch in vielen Bereichen des Zielsystems der Nachhaltigen Entwicklung. Es gibt unterschiedliche Typen von Zielen:

- Gesetzlich festgelegte Grenzwerte (z.B. Emissionsgrenzwerte, gesundheitspolitisch motivierte Umweltnormen),
- Festlegungen der Regierungspolitik (z.B. Stabilisierung Bodenverbrauch für Siedlungszwecke, Niveau der öffentlichen Entwicklungshilfe),
- wissenschaftliche Grenzwerte, die sich nicht auf eine gesetzliche Grundlage abstützen (z.B. Niveau von Treibhausgasemissionen, bei dem die Klimaerwärmung gestoppt würde),
- sozial- / verteilungspolitische Normen (z.B. Minimale Einkommen, Chancengleichheit, Existenzsicherung),
- Gewährleistung der Menschrechte,
- andere Grenzwerte, die auf Einschätzungen von Akteurgruppen über tolerierbare Belastungen beruhen (z.B. Verkehrsmengen).

Generell bestehen nur in sehr wenigen Bereichen rechtlich verbindliche Zielsetzungen, und wo solche bestehen, liegen sie z.T. erheblich von den wissenschaftlichen entfernt. So verlangt etwa das schweizerische CO_2-Gesetz eine Reduktion der Emissionen bis 2010 um 10% gegenüber 1990, während aufgrund der Klimaforschung – allerdings im Zeithorizont 2050 – für Industrieländer wie die Schweiz Reduktionen um bis zu 80% gefordert wären. Aus der Wissenschaft stammen verschiedene Konzepte, die in Bezug auf die Frage der Zielgrössen zumindest Teilbereiche des Zielsystems der Nachhaltigen Entwicklung abdecken.

Faktor vier

Dieses Konzept stammt vom gleichnamigen Buch von Ernst Ulrich von Weizsäcker u.a. (1995). Hinter Faktor vier steht der Gedanke, dass man in allen Lebensbereichen den Verbrauch von natürlichen Ressourcen effizienter gestalten kann. Faktor vier ist eine Entscheidungsregel, die für das Thema Ressourceneffizienz sensibilisiert. Der Faktor «vier» ist dabei grundsätzlich nicht als strenge zahlenmässige Vorgabe zu verstehen, sondern als normative Soll-Grösse. Der Wohlstand soll sich in den Ländern des Nordens noch verdoppeln, parallel soll aber der Naturverbrauch halbiert werden.

Faktor 10

Faktor 10 und das dahinter liegende Umweltkonzept der Dematerialisierung wurden Anfang der 90er-Jahre am Wuppertal Institut für Klima, Um-

welt und Energie von Friedrich Schmidt-Bleek (2000) entwickelt. Das Konzept der Dematerialisierung beinhaltet im Kern die Forderung, die vom Menschen verursachten Energie- und Stoffströme um einen Faktor 10 zu verringern bzw. analog die Ressourcenproduktivität (oder «Ressourceneffizienz» oder «Ökoeffizienz») entsprechend um einen Faktor 10 anzuheben. Ein wesentlicher Beitrag zu diesem Ziel kann durch die Entwicklung ökoeffizienter Produkte, Technologien und Dienstleistungen erbracht werden. Dematerialisierung kann in Form des Material-Inputs pro Serviceleistung (MIPS) für Produkte, Technologien, Dienstleistungen, Infrastrukturen oder auch ganze Volkswirtschaften berechnet und damit objektiv miteinander verglichen werden.
Eine Weiterentwicklung das Faktor 10-Konzeptes nahm Franz-Josef Radermacher (2002) vor, der in seiner «Zukunftsformel» den Faktor 10 mit einem Verteilungsziel des künftigen Wirtschaftswachstums auf Industrie- und Entwicklungsländer im Verhältnis von 4:34 vorschlägt. Er postuliert eine Verzehnfachung des Weltwirtschaftsprodukts in den nächsten 50-100 Jahren, legt dabei eine Erhöhung der Ökoeffizienz um den gleichen Faktor zugrunde und fordert eine Aufteilung des Wirtschaftswachstums zwischen Nord und Süd im Verhältnis 4:34. Die resultierende höhere soziale Ausgeglichenheit diene dem Erhalt der Vielfalt der Kulturen und einer politischen Balance.

2000 Watt-Gesellschaft

Mit dem an der Eidgenössischen Technischen Hochschule Zürich entwickelten Konzept einer «2000 Watt-Gesellschaft» wird die schrittweise Realisierung einer Lebens- und Wirtschaftsform angestrebt, die mit einem Drittel des heutigen Energieverbrauchs auskommt und gleichzeitig die Lebensqualität verbessert. Im Durchschnitt beträgt der globale kommerzielle Energieleistungsbedarf pro Kopf heute 2000 Watt oder Joule pro Sekunde. Dies entspricht 48 Kilowattstunden pro Tag, 17'500 Kilowattstunden pro Jahr oder einem Verbrauch von rund 1'700 Liter Heizöl bzw. Benzin pro Jahr. Dieser Durchschnittswert variiert weltweit zwischen weniger als 500 Watt (Äthiopien und andere Länder in der dritten Welt) und über 10'000 Watt (USA). Damit das Postulat der Nachhaltigkeit erfüllt wird, dürfen jedoch bei einer erwarteten Weltbevölkerung von neun bis zehn Milliarden Menschen im Jahre 2050 die CO_2-Emissionen

1 Tonne pro Kopf und Jahr nicht überschreiten. Somit liessen sich entweder aus Kohle 300 Watt, aus Erdöl 450 Watt oder aus Erdgas 600 Watt erzeugen. Der restliche Energieleistungsbedarf müsste aus erneuerbaren Energieträgern gewonnen werden.
2000 Watt entsprechen ungefähr dem Schweizer Pro-Kopf-Energieleistungsbedarf im Jahre 1960. Die Einführung einer 2000 Watt-Gesellschaft bedeutet nicht, den Lebensstandard und den Komfort auf die Verhältnisse von 1960 zu senken, sondern auf der Basis des heutigen Lebensstils mit innovativen technischen Lösungen und Managementkonzepten die Effizienz des Energieeinsatzes zu verbessern und den Energieverbrauch zu senken.
Im Modell Schweiz für eine 2000 Watt-Gesellschaft ist langfristig höchstens ein Viertel des Energiebedarfes aus fossilen Ressourcen zu decken, um dem Postulat der Nachhaltigkeit zu genügen. Der restliche Bedarf von ca. 1500 Watt pro Kopf soll durch erneuerbare Energien (vor allem Wasserkraft und Sonne) gedeckt werden.
Wissenschaftliche Untersuchen deuten darauf hin, dass die 2000 Watt-Gesellschaft schon mit den heutigen technischen Möglichkeiten machbar wäre, aber grundlegende Reformen in Energie verzehrenden Sektoren wie dem Bauwesen, dem Verkehr oder im Energiesektor voraussetzen würde. Die hierfür notwendige gesellschaftliche Bereitschaft zu erreichen wäre mindestens so herausforderungsreich wie die technischen Fragestellungen (Novatlantis 2002, Ellipson 2006).
Aus den beschriebenen Konzepten kann als generelle Folgerung gezogen werden, dass Nachhaltige Entwicklung einen langfristigen Strukturwandel in unserem Wirtschafts- und Gesellschaftssystem mit dem Ziel erfordert, den Umwelt- und Ressourcenverbrauch unter Wahrung der wirtschaftlichen Leistungsfähigkeit und des sozialen Zusammenhalts auf ein dauerhaft tragbares Niveau zu senken. Dies unter Berücksichtigung der globalen Verteilungsgerechtigkeit.

3.5 Determinanten nachhaltiger Entwicklungsprozesse

Wo ist anzusetzen, wenn die Nachhaltige Entwicklung gefördert werden soll? In ihrem Weltentwicklungsbericht 2003 unterstrich die Weltbank die wechselseitigen Abhängigkeiten zwischen gesellschaftlich-kulturellen Voraussetzungen (Werte und Normen), Institutionen (Demokratie, Regierungsqualität, Partizipation der Zivilgesellschaft), Verteilung von wirtschaftlichen Ressourcen (Verteilungsgerechtigkeit) und Politiken mit ihren Massnahmen und Instrumenten (World Bank 2003). Der gesamtgesellschaftlichen Herausforderung der Nachhaltigen Entwicklung kann insbesondere nicht allein mit technischen Interventionen begegnet werden. Damit die notwendigen Politiken ergriffen und umgesetzt werden, braucht es als Voraussetzung auch Veränderungen bei den anderen Grössen (Minsch u.a. 1998). Nachhaltige Entwicklung setzt tiefgreifende Wandlungen im gesellschaftlich-politischen Bereich voraus, die auch die Rolle und Wirkungsweise des Staates betreffen. Langfristorientierung, Folgenbewusstsein und eine konsequente Beachtung des Vorsorgeprinzips verlangen nach Strukturveränderungen im politischen System, die ihrerseits einen kulturell-gesellschaftlichen Veränderungsprozess voraussetzen. Angesichts der gesellschaftlichen Dimension sind insbesondere die Wertefrage und Massnahmen, die diese betreffen, wie z.B. eine Bildung für Nachhaltige Entwicklung, hervorzuheben (Busch-Lüty 1995). Ferner ist auf das unerlässliche Gegenstromprinzip hinzuweisen. Es werden parallel Ansätze auf globaler, grossregionaler, nationaler und lokaler Ebene benötigt, die sich möglichst gegenseitig positiv beeinflussen. Für eine wirkliche Kursänderung sind zwar Grobsteuerungsinstrumente, wie z.B. eine ökologische Steuerreform, auf möglichst grossräumiger Ebene entscheidend. Da diese Ansätze aber nur schwierig und schrittweise zu realisieren sind, haben Teilräume voranzuschreiten. Wie bei der Behandlung der Wachstumsproblematik gezeigt, kann dies für die Pioniere unter Umständen auch mit Vorteilen verbunden sein. Wenn massgebende Akteure voranschreiten, besteht die Hoffnung, dass ihnen weitere folgen.

3.6 Schweizer Standpunkte

Zu einigen der hier diskutierten Schlüsselfragen gibt es Positionsbezüge der Schweizer Regierung, die für die in der Nachhaltigen Entwicklung engagierten Akteurgruppen eine wegleitende Funktion haben können.

Ethische Positionen

Die Schweizer Regierung hat sich in verschiedenen politischen Schlüsseldokumenten zu einem pflichtenethischen Ansatz bekannt. In seinem Bericht zuhanden der Vereinten Nationen im Vorfeld des Weltgipfels für

Nachhaltige Entwicklung in Johannesburg 2002 unterstrich der Bundesrat, in Übereinstimmung mit seinen Äusserungen im aussenpolitischen Bericht 2000, seine Vision einer «Ethik des Gleichgewichts von Rechten und Pflichten»: Diese bedeute, dass «Interessenkonflikte nach den Regeln legitimer Ansprüche und nicht nach denen der Machtverteilung geregelt werden. Interessenwahrung und Verantwortung sind die ethische Grundlage einer nachhaltigen und zukunftsgerichteten Politik» (Schweizerischer Bundesrat 2001, S. 22). Diese generelle Grundhaltung bietet freilich kein einfaches Rezept für konkrete Interessenabwägungen. So ist in der Realpolitik im Spannungsfeld von Zielkonflikten und Einflussnahme von Interessengruppen nicht automatisch eine faire Interessenabwägung gewährleistet.

Wechselseitiges Verhältnis der Nachhaltigkeitsdimensionen
In seiner «Strategie Nachhaltige Entwicklung 2002» (Leitlinie 2.3 «Eigenheiten der Dimensionen der Nachhaltigen Entwicklung berücksichtigen») äusserste sich der Bundesrat zu den Konzepten der starken und schwachen Nachhaltigkeit. Er nahm gestützt auf den Gehalt der verfassungsrechtlichen Nachhaltigkeitsbestimmungen (siehe «Neue Bundesverfassung» in Unterkapitel 4.3) eine Zwischenposition ein («schwache Nachhaltigkeit plus»). Viele Aspekte der Umwelt weisen nach der Auffassung des Bundesrates spezifische Eigenschaften auf, die – auch unter Berücksichtigung des technischen Fortschrittspotenzials – eine Substituierbarkeit durch gesellschaftliches oder wirtschaftliches Kapital als unrealistisch erscheinen lassen. Viele Umweltgüter, wie z. B. ein stabiles Klima, Biodiversität oder die Ozonschicht der Atmosphäre, sind einerseits unverzichtbar für das Überleben der Menschheit, eine Vernichtung lässt sich andererseits in der Regel nicht durch Kapital kompensieren. Hinzu kommt das Problem der Irreversibilität. Die Zerstörung von Umweltgütern ist – im Gegensatz zu Veränderungen in den Bereichen Wirtschaft und Gesellschaft – innert menschlicher Zeitmassstäbe unumkehrbar, so dass diesbezüglich besondere Vorsicht angebracht ist. Der Bundesrat hält aber auch eine Interpretation im Sinne der starken Nachhaltigkeit, die keinerlei Flexibilität im Verhältnis zwischen den Bereichen Umwelt, Wirtschaft und Gesellschaft erlauben würde, für nicht sachgerecht. Generell vertritt er zwischen starker und schwacher Nachhaltigkeit vielmehr eine

mittlere Position und ist der Auffassung, dass in den Abwägungsprozessen sicherzustellen ist, dass diese transparent erfolgen, nicht systematisch zu Lasten der gleichen Nachhaltigkeitsdimension gehen und dass insgesamt die Belastbarkeit der Biosphäre respektiert wird. Wie bei der ethischen Vision ist auch diese Position kein einfach anwendbares Rezept für die Alltagspolitik. Das Konzept der «schwachen Nachhaltigkeit plus» wurde jedoch im Hinblick auf nachhaltigkeitsorientierte Evaluationen und Projektbeurteilungen konkretisiert (ARE 2004a). Vertieft wird darauf in Unterkapitel 6.2 eingegangen.

Probleme der wachstumsorientierten Marktwirtschaft

Die Schweizer Landesregierung hat das wirtschaftliche Wachstumsziel nie in Zweifel gezogen und fördert es aktiv mittels wachstumsfördernden Aktionsprogrammen. Gleichzeitig legte sie sich in ihrer aussenpolitischen Strategie auf ein breites Zielsystem fest, das gleichrangig auch umweltbezogene und soziale Ziele umfasst (vgl. Abb. 11 in Unterkapitel 5.5). Auch in der «Strategie Nachhaltige Entwicklung 2002» formulierte der Bundesrat die Absicht, sich für die Stärkung der internationalen Umwelt- und Sozialregimes einzusetzen. Dem steht die Erkenntnis gegenüber, dass sich das internationale Wirtschaftsregime der Welthandelsorganisation im internationalen Prozess stärker konsolidiert hat als die Umwelt- und Sozialregime, so dass der globale ordnungspolitische Rahmen die wirtschaftliche Dimension privilegiert (Schweizerischer Bundesrat 2005, S. 50, Roch / Perrez 2005).

Zielgrössen

Die Schweiz verfügt bis heute über kein konkretes Leitbild mit präzisen Zielgrössen. In einzelnen Politiksektoren wie z.B. in der Klimapolitik liegen zwar sektorale Zielgrössen vor, die aber noch nicht auf langfristige Nachhaltigkeitserfordernisse ausgerichtet sind. Immerhin hat sich der Bundesrat in der «Strategie Nachhaltige Entwicklung 2002» in allerdings wenig verbindlicher Form für die 2000 Watt-Gesellschaft ausgesprochen: «Das Szenario der 2000 Watt-Gesellschaft dient der Energie- und Klimapolitik als Zielvorstellung. ... In dieser Hinsicht unterstützt der Bundesrat weitere Abklärungen einer bundesinternen Arbeitsgruppe ...» (Massnahme 9: Weiterentwicklung der Energie- und Klimapolitik).

Determinanten nachhaltiger Entwicklungsprozesse

Die bisherige Umsetzung der Nachhaltigen Entwicklung in der schweizerischen Politik, die in Unterkapitel 4.3 näher beschrieben werden wird, zeichnet sich durch einen Vorrang an technischen Lösungsansätzen aus. Das Beispiel des nur rund zwei Jahre wirkenden Rates für Nachhaltige Entwicklung zeigt, wie schwierig sich bisher die Bemühungen um Veränderungen auf institutioneller Ebene gestalten. In Bezug auf die Wertefrage ist in einer liberalen, demokratischen Staatsverfassung eine aktive Einflussnahme des Staates ausgeschlossen. Er könnte aber gesellschaftliche Lernprozesse durch geeignete Rahmenbedingungen und die Bereitstellung von Plattformen für Diskurse zu Wertefragen und Nachhaltigkeit begünstigen. Ein gutes Gefäss dafür böten beispielsweise Lokale Agenden 21 (vgl. Unterkapitel 5.6). Die bisher im Vergleich zu anderen Staaten sehr bescheidene Förderung von Agendaprozessen belegt die grosse Zurückhaltung der Schweizer Regierung auf diesem Gebiet.

4 Der internationale Prozess und seine Umsetzung auf nationaler Ebene in der Schweiz

In diesem Kapitel werden eingangs die wichtigsten internationalen Meilensteine, Konferenzen und Beschlüsse der Staatengemeinschaft auf dem Gebiet der Nachhaltigen Entwicklung beschrieben. Anschliessend wird ein Überblick über die heute international für die Nachhaltige Entwicklung massgebenden Akteure und Prozesse gegeben. Zum Schluss wird dargelegt, wie die Schweiz auf nationaler Ebene auf die internationalen Beschlüsse reagiert und sie umgesetzt hat.

4.1 Stockholm – Rio – Johannesburg

Der internationale politische Prozess zur Nachhaltigen Entwicklung ist durch drei überragende Meilensteine – internationale Konferenzen auf höchster politischer Ebene – gekennzeichnet, welche die vielen anderen Geschehnisse auf der Zeitachse gliedern:

- Stockholm 1972: UNO-Konferenz über die menschliche Umwelt (UN Conference on the Human Environment, UNCHE)
- Rio de Janeiro 1992: UNO-Konferenz über Umwelt und Entwicklung (UN Conference on Environment and Development, UNCED)
- Johannesburg 2002: UNO-Weltgipfel für Nachhaltige Entwicklung (World Summit on Sustainable Development, WSSD)

UNO-Konferenz über die menschliche Umwelt, Stockholm 1972

Die UNO-Weltkonferenz über die menschliche Umwelt in Stockholm 1972 war die erste UNO-Weltkonferenz zum Thema Umwelt überhaupt und gilt als der eigentliche Beginn der internationalen Umwelt- und Nachhaltigkeitspolitik. Der Beginn dieser Konferenz, der 5. Juni, ist heute noch der internationale Tag der Umwelt. Die Deklaration von Stockholm, die von Industrie- und Entwicklungsstaaten gemeinsam erarbeitet wurde, schrieb 26 Prinzipien für Umwelt und Entwicklung fest. Ferner wurde ein Aktionsplan mit 109 Handlungsempfehlungen zu deren Umsetzung beschlossen. In der Stockholm-Deklaration bekennt sich die Weltgemeinschaft erstmals zur grenzüberschreitenden Zusammenarbeit im Umweltschutz. Dem Recht der Staaten auf Ausbeutung der eigenen Ressourcen wird die Pflicht gegenübergestellt, dafür zu sorgen, dass durch Tätigkeiten innerhalb des eigenen Hoheitsgebietes anderen Staaten kein Schaden zugefügt wird. Auf Vorschlag der Stockholmer Konferenz wurde im gleichen Jahr durch die UNO-Vollversammlung das UNO-Umweltprogramm UNEP mit Sitz in Nairobi (Kenia) gegründet. Ins Leben gerufen wurde auch das Erdbeobachtungssystem Earthwatch zum Monitoring und zur Bewertung der globalen Umwelt. Heute ist Earthwatch der Rahmen für das UN-System zur Harmonisierung und Integration seiner Aktivitäten der Umweltbeobachtung und -bewertung unter Führung von UNEP. Die an der Konferenz deutlich gewordene Konfliktlinie zwischen Umwelt und Entwicklung führte zur Einsicht, dass Umweltanliegen und Anliegen der wirtschaftlichen und sozialen Entwicklung auszubalancieren und Umwelt und Entwicklung als sich wechselseitig beeinflussend zu betrachten sind. Seit der Konferenz von Stockholm wird deshalb die integrierte Betrachtung von Entwicklung und Umwelt, von Wirtschaft, Umwelt und Gesellschaft als unabdingbar betrachtet.

«Die Grenzen des Wachstums»

Die Stockholmer Konferenz fiel in eine Zeitperiode, in der die Publikation «Die Grenzen des Wachstums» (Meadows u.a. 1972) für Aufsehen sorgte. Mit dem Bericht wurden der Weltöffentlichkeit erstmals die Folgen eines ungezügelten quantitativen wirtschaftlichen Wachstums vor Augen geführt. Die Wissenschaftler warnten vor der Erschöpfung der wichtigsten Rohstoffe und Energiequellen sowie der Zerstörung der Umwelt und grossen Hungerkatastrophen in einer übervölkerten Welt, wenn sich Umweltbewusstsein und Verhalten der Menschen nicht ändern. Mit einem Weltmodell versuchten sie, die globale Entwicklungsdynamik in den Bereichen Bevölkerung, Wirtschaft und Ökologie zu integrieren und mit einem Zeithorizont bis zum Ende des 21. Jahrhunderts mittels Computersimulationen abzubilden. Das systemdynamische Modell versuchte, mittels 99 Variablen die Zusammenhänge zwischen den Entwicklungen in den Bereichen Rohstoffvorräte, Nahrungsmittelversorgung, Industrieproduktion, Bevölkerung und Umweltverschmutzung aufzuzeigen.
Unter Verwendung der Szenariotechnik – plausible Wenn-dann-Aussagen, keine verbindlichen Prognosen – wurden verschiedene Modellrechnungen durchgeführt (Meadows u.a. 1972, S. 79). Der in den Würdigungen von «Die Grenzen des Wachstums» immer wieder angesprochene

«Standardlauf» des Weltmodells (siehe Abbildund 7) zeigte die Ergebnisse der Computersimulation unter der Voraussetzung auf, dass keine grösseren Veränderungen physikalischer, wirtschaftlicher oder sozialer Zustände eintreten, also die Entwicklung in gleichen Tendenzen verlaufen würde, wie sie sich um 1970 abzeichnete. Analoges galt auch für verschiedene Datenannahmen. Um beispielsweise die Reichweite der Rohstoffvorräte abzuschätzen, wurden die damals offiziell publizierten Reserveangaben verwendet. Alle eingespeisten variablen Grössen waren diejenigen der historischen Entwicklung von 1900 bis 1970. Die Modellrechnung ergab, dass Nahrungsmittelerzeugung, Industrieproduktion und Bevölkerungszahl weiter exponentiell ansteigen würden, bis die rasch schwindenden Rohstoffvorräte zum Zusammenbruch des industriellen Wachstums um die Jahrtausendwende herum führen. Da zeitliche Verzögerungsfaktoren wirken, würden Bevölkerungszahl und Umweltverschmutzung auch danach noch einige Zeit weiter ansteigen. Fallende Nahrungsmittelversorgung und der Ausfall medizinischer Fürsorge würden dann jedoch zu einer steigenden Sterberate und zu einem Stopp des Bevölkerungswachstums führen.

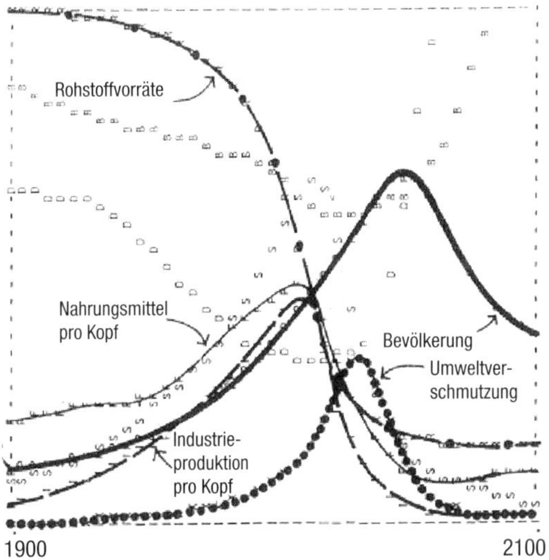

Abb. 7: Grenzen des Wachstums: Standardlauf des Weltmodells (Meadows u.a. 1972, S. 113)

Diese Voraussage eines industriellen Kollapses im Standardlauf um die Jahrtausendwende wurde den Autoren immer wieder als prognostische Fehlleistung angekreidet und stand im Zentrum der Kritik. Dabei muss in Erinnerung gerufen werden, dass die Autoren lediglich in Szenariotechnik verschiedene Modellrechnungen mit unterschiedlichen Annahmen durchführten. Neben dem Standardlauf wurden zahlreiche weitere Modelldurchläufe mit verschiedenen Kombinationen folgender Annahmen durchgeführt: verdoppelte Rohstoffreserven, unbegrenzte Rohstoffvorräte, kontrollierte Umweltverschmutzung, erhöhte landwirtschaftliche Produktivität, perfekte Geburtenkontrolle, stabilisierte Weltbevölkerung und stabilisiertes physisches Kapital.

Die unterschiedlichen Modellannahmen führten zu immer wieder anderen Ausprägungen und zeitlichen Angaben über das Eintreten von Ereignissen wie Trendbrüchen oder Kollapsen. Interessant ist zum Beispiel, dass die Modellrechnung mit gegenüber dem Standardlauf verdoppelten Rohstoffreserven von einem Ressourcenbestand beim Erdöl ausging, der in etwa dem um die Jahrtausendwende im Zusammenhang mit der aufkommenden Debatte um den «Peak Oil» (These des Erreichens und Überschreitens des globalen Erdölfördermaximums ca. im ersten Jahrzehnt des 21. Jahrhunderts; vgl. Unterkapitel 5.1) vermuteten Bestand entspricht. Auch in dieser Modellrechnung wird ein Kollaps vorausgesagt, aber wesentlich später im 21. Jahrhundert. In anderen Modellrechnungen tritt die Krise nicht wegen der Begrenztheit von Rohstoffen, sondern der Nahrungsmittelproduktionskapazität oder der Absorptionskapazität der Umwelt für Schadstoffe ein. Es wurden aber auch stabilisierte Modellrechnungen durchgeführt, in denen dank entschlossenem Handeln von Politik, Wirtschaft und Gesellschaft der Kollaps nicht eintreten würde.

Zwanzig und dreissig Jahre nach dem Erscheinen der Erstpublikation zogen die Autoren Bilanz über ihre ursprünglichen Aussagen und erneuerten auch ihre Modellrechnungen (Meadows u.a. 1992 und 2004). Im «30-Years Update» brachten die Autoren die verwendeten Daten auf den neuesten Stand, nahmen leichte Veränderungen an ihrem Computermodell «World3» vor und errechneten anhand verschiedener Szenarien mögliche Entwicklungen bis zum Jahr 2100. Nach den Autoren bestätigten die aktualisierten Computerläufe und die Neubewertung der Daten, dass die Nutzung zahlreicher Ressourcen und Umweltgifte bereits die Grenzen des langfristig Zuträglichen überschritten hätten, trotz verbesserter Technologien, trotz des mittlerweile gewachsenen ökologischen Bewusstseins und trotz strengerer Umweltgesetze. Aus den meisten der errechneten Szenarien resultierte die Tendenz zum Überschreiten der Wachstumsgrenzen und zum anschliessenden Kollaps. Auch bei energischem Umsetzen von Umweltschutz- und Effizienzstandards konnte diese Tendenz oft nur abgemildert, aber nicht mehr verhindert werden. Erst eine weit stärker ambitionierte Kombination aus Einschränkung des Bevölkerungswachstums, Reduktion des Schadstoffausstosses und zahlreichen weiteren Massnahmen ergab die Tendenz zur Umgehung des simulierten Zusammenbruchs, der je nach gewählten Parametern zwischen 2030 und 2100 eintreten würde.

Die weltdynamischen Modelle der «Grenzen des Wachstums» erzeugten nicht zuletzt wegen des für die 1970er Jahre innovativen Einsatzes der Computertechnik eine gewaltige Debatte. Darin manifestierten sich aber auch Kritiken wie z.B., dass entscheidenden Modellparametern eine wissenschaftliche Fundierung fehle und die Simulation der Welt als ein Block die Entwicklungsdynamik innerhalb und zwischen den Weltregionen vernachlässige. Harte Kritik kam insbesondere von Ökonomen, die den Naturwissenschaftern mangelndes Verständnis über die Funktionsweise der Marktwirtschaft und die Selbstregulierung von Verknappungserscheinungen über den Preismechanismus vorwarfen.

Die Bewertung aus heutiger Sicht muss differenziert ausfallen. Während präzise Voraussagen über die Weltentwicklung unrealistisch sind, bleiben doch viele Thesen relevant, namentlich die systemtheoretischen Kernaussagen über Rückkoppelungen, Kippeffekte, Zeitverzögerungen in Systemreaktionen, überschiessende Entwicklungen («Overshoot») bei fehlenden Signalen der Verknappung, insbesondere wegen fehlendem Preismechanismus bei den meisten globalen öffentlichen Gütern. Viele Forderungen aus den «Grenzen des Wachstums» bleiben daher gültig:

- erkannte Annäherungen an Grenzwerte besser an die Entscheidungsträger rückmelden,
- Nutzung sich erschöpfender Rohstoffe reduzieren,
- Nutzungsrate sich regenerierender Ressourcen auf die mögliche Regenerationsrate rückführen,

- höchstmögliche Effizienz aller Prozesse anstreben,
- Wachstum von Bevölkerung und (physischem) Kapital vermindern und beenden,
- Armut und Einkommensungleichheit vermindern,
- materielle auf nicht materielle Bedürfnisse umlenken.

Ecodevelopment

In Reaktion auf den Bericht «Die Grenzen des Wachstums» und die Weltumweltkonferenz 1972 in Stockholm entwickelte das im selben Jahr gegründete Umweltprogramm der Vereinten Nationen (UNEP) den Ecodevelopment-Ansatz, einen Vorläufer des Konzeptes der Nachhaltigen Entwicklung. Prominentester Vertreter war der französische Ökonom Ignacy Sachs, der u.a auch als Berater von Maurice Strong, dem Generalsekretär der Stockholm-Konferenz von 1972 und des Erdgipfels von Rio de Janeiro 1992, wirkte. In den «Guidelines for Ecodevelopment» integrierte Ignacy Sachs frühzeitig die Dimensionen ökologischer, sozialer, ökonomischer und politischer Entwicklung. Er definierte Ecodevelopment als «un mode de vie et un niveau de consommation satisfaisants sans pour autant exploiter jusqu'à complet épuisement la nature et sans compromettre l'avenir des générations futures». Kennzeichnende Elemente des Konzeptes sind räumliche und intertemporale Gerechtigkeit sowie die dauerhafte Erhaltung der natürlichen Ressourcen. Indem er Interessenkonflikte, Verteilungs- und Machtfragen thematisierte, war der Ecodevelopment-Ansatz von grösserer politischer Relevanz als die herkömmliche Umweltdebatte (Sachs 1990 und 1997).

World Conservation Strategy

Im Jahr 1980 erscheint die «World Conservation Strategy (WCS)», die von der Internationalen Naturschutz-Union (IUCN) im Auftrag des UNEP und mit Unterstützung von UNEP und WWF verfasst wurde. Die WCS spiegelt zwar die Sicht der IUCN, jedoch wurden in der Erarbeitungsphase Konsultationen insbesondere bei den internationalen Organisationen der Vereinten Nationen durchgeführt. In der WCS wurde die Notwendigkeit begründet, Natur zu schützen und zu erhalten, und es wurden Vorschläge für Massnahmen auf der internationalen und nationalen Ebene gemacht. Die WCS gilt als eines der ersten internationalen politischen Dokumente, das den Begriff Nachhaltige Entwicklung bzw. Sustainable Development ausserhalb der Forstwirtschaft verwendet. Die WCS orientierte sich jedoch an einer eher klassischen Idee des Naturschutzes, übertragen auf die globale Ebene. In konzeptioneller Hinsicht stellte sie damit einen gewissen Rückschritt gegenüber dem Ecodevelopment-Ansatz dar. Erst im Vorfeld des Erdgipfels von Rio de Janeiro 1992 knüpfte die Weltkommission für Umwelt und Entwicklung (Brundtland-Kommission) wieder an die umfassende Problemperspektive an und definierte die Nachhaltige Entwicklung in einer Art, die den Ecodevelopment-Ansatz wieder aufnahm.

Global 2000

Im gleichen Jahr wie die WCS erschien mit «Global 2000» eine Publikation, die ähnliche wissenschaftliche und politische Resonanz wie «Die Grenzen des Wachstums» fand (CEQ 1980). Der Bericht im Auftrag von US-Präsident Jimmy Carter lieferte eine umfassende, 1500 Seiten starke Untersuchung der voraussichtlichen Veränderungen der Bevölkerung, der natürlichen Ressourcen und der Umwelt auf der Erde bis zum Ende 20. Jahrhunderts. Der Bericht setzte in gewisser Weise «Die Grenzen des Wachstums» fort, indem auch ein systemtheoretischer Modellansatz verwendet wurde. Darin wurden die globalen Umwelt- und Entwicklungsprobleme deutlich benannt. Beispielsweise wurde ein Erdölfördermaximum um die Jahrtausendwende vorausgesagt (CEQ 1980, S. 415). Die Untersuchung sollte als Grundlage für die längerfristige Politikplanung unter Präsident Carter dienen, war allerdings schwergewichtig analytisch ausgerichtet und äusserte sich wenig zu den notwendigen Politikänderungen.

Weltkommission für Umwelt und Entwicklung

Im Dezember 1983 beschliesst die UNO-Generalversammlung, eine spezielle Kommission einzusetzen mit der Aufgabe, langfristige Strategien vorzuschlagen, die zu einer Nachhaltigen Entwicklung führen sollen. Die Kommission nahm ihre Arbeit unter dem Vorsitz von Gro Harlem Brundtland im Herbst 1984 auf und schloss sie mit dem Bericht «Our Common Future», dem so genannten Brundtland-Bericht, im Herbst 1987 ab (WCED 1987).

Die Kommission ging von der anlässlich der Umweltkonferenz von Stockholm gewonnenen Einsicht aus, dass sich wirtschaftliche, soziale und Umweltprobleme gegenseitig bedingen und beeinflussen (z.B. Armut als Folge und Ursache von Umweltproblemen, Landwirtschaft als Grundlage für Ernährung, Bekämpfung des Hungers und des Ressourcenerhalts). Sie führte die globalen Umweltprobleme hauptsächlich auf die grosse Armut im Süden und die nicht nachhaltigen Produktions- und Konsummuster im Norden zurück. Sie propagierte die Nachhaltige Entwicklung im Sinne einer integrierten, Umwelt, Wirtschaft und Gesellschaft berücksichtigenden Politik. Die dem Bericht zugrunde liegende Definition der Nachhaltigen Entwicklung (WCED 1987, S. 43) ist heute weltweit anerkannt: «Nachhaltig ist eine Entwicklung, wenn sie gewährleistet, dass die Bedürfnisse der heutigen Generation befriedigt werden, ohne die Möglichkeiten künftiger Generationen zur Befriedigung ihrer eigenen Bedürfnisse zu beeinträchtigen.» Nur selten werden die unmittelbar anschliessenden Passagen mitzitiert, die für die Interpretation der Nachhaltigkeitskonzeption der Kommission entscheidend sind. Sie präzisieren, dass im Rahmen der Nachhaltigkeitsdefinition dem Konzept der Bedürfnisse, namentlich den Grundbedürfnissen der Armen, und den Umweltgrenzen in Bezug die Aufnahmefähigkeit für Abfälle und Emissionen und die Bereitstellung von Ressourcen eine besondere Bedeutung zukommt.

UNO-Konferenz über Umwelt und Entwicklung, Rio de Janeiro 1992

Auf der Grundlage der Vorbereitungsarbeiten der Weltkommission für Umwelt und Entwicklung wurde 1992 die für die Nachhaltige Entwicklung in jeder Hinsicht ausschlaggebende Konferenz über Umwelt und Entwicklung in Rio de Janeiro durchgeführt. Die Bedeutung der Konferenz entspringt sowohl den konzeptionellen als auch den umsetzungsorientierten Beschlüssen. Die wichtigsten Ergebnisse waren:

- Rio-Deklaration
- Agenda 21
- Rahmenkonvention über Klimaveränderungen (Framework Convention on Climate Change)
- Biodiversitätskonvention (Convention on Biological Diversity)
- Rahmenprinzipien zum Schutz der Wälder (Statement on Forest Principles)

Die Rio-Deklaration führt 27 grundlegende Prinzipien auf, die gleichsam als Grundgesetz der Nachhaltigen Entwicklung gelten können. In der Deklaration werden u.a. die folgenden zentralen Grundsätze festgehalten:

- Vorrang der Armutsbekämpfung und der Bedürfnisse der Entwicklungsländer (Grundsätze 5 und 6),
- das Prinzip der gemeinsamen, aber unterschiedlichen Verantwortung, das vor allem von den reichen Industrieländern besondere Anstrengungen zur Bewältigung der Nachhaltigkeitsherausforderungen einfordert (Grundsatz 7),
- die Betonung positiver Wechselwirkungen zwischen einem offenen, nicht diskriminierenden Welthandelssystem und Nachhaltiger Entwicklung (Grundsatz 12),
- das Vorsorgeprinzip, das von den Staaten umwelterhaltende Massnahmen fordert, auch wenn nicht in allen Fragen vollständige wissenschaftliche Gewissheit vorliegt (Grundsatz 15),
- oder das Verursacherprinzip, das verlangt, dass die Urheber von Umweltschäden für die daraus entstehenden Kosten aufkommen sollen (Grundsatz 16).

Die Agenda 21 ist ein umfassender Aktionsplan der Staatengemeinschaft für das 21. Jahrhundert, der gegliedert in vier Teile zu sozioökonomischen Fragestellungen, zur Erhaltung der natürlichen Ressourcen, zu den Rollen und Aufgaben wichtiger Akteurgruppen und zu den Umsetzungsmöglichkeiten in insgesamt 40 Kapiteln darlegt, wie den Nachhaltigkeitsherausforderungen begegnet werden soll. Es würde den Rahmen der vorliegenden Publikation sprengen, alle Themen der Agenda 21 zu würdigen. In Kapitel 5 werden jedoch ausgewählte Aspekte, die aus schweizerischer Sicht besonders bedeutsam sind, aufgegriffen und in Bezug auf die schweizerischen Umsetzungsschritte behandelt.

Rio-Deklaration und Agenda 21 sind als von den Regierungen unterzeichnete Absichtserklärungen nicht direkt rechtlich verbindlich und dem weichen internationalen Recht zuzuordnen. An der Rio-Konferenz wurden jedoch auch Umweltübereinkommen verabschiedet, welche über die anschliessenden nationalen Ratifizierungen zu verbindlichem internationalem Recht geworden sind. Die Klimarahmenkonvention zielt auf den Klimaschutz und die Stabilisierung der Treibhausgaskonzentration in der Atmosphäre. Die Biodiversitätskonvention bezweckt den Schutz und die nachhaltige Nutzung der globalen Artenvielfalt sowie eine gerechte Verteilung des Zugangs zu genetischen Ressourcen. Die Rahmenprinzipien zum Schutz der Wälder schliesslich definieren internationale Grundsätze der Forstpolitik; die Rahmenprinzipien sind allerdings nicht rechtlich bindend und gehören zum weichen internationalen Recht.

Wichtige Meilensteine auf dem Weg nach Johannesburg

Im Gefolge der Rio-Konferenz sind zahlreiche für die Nachhaltige Entwicklung relevante Ereignisse und Prozesse zu verzeichnen, darunter thematische Konferenzen. Im Jahr 1993 wurde die UNO-Kommission für Nachhaltige Entwicklung UNCSD zur Überwachung des Umsetzungsprozesses der Agenda 21 als Kommission des Wirtschafts- und Sozialrates der UNO (ECOSOC) gegründet. Auf ihre Aktivitäten wird näher in Unterkapitel 4.2 eingegangen.

Mit der UNO-Konferenz über Bevölkerung und Entwicklung in Kairo 1994 konnte erstmalig seit dem Zweiten Weltkrieg ein weitreichender internationaler Konsens über die Notwendigkeit und Gestaltung bevölkerungspolitischer Strategien und Politiken erreicht werden. Ein wichtiger Punkt im Kairoer Aktionsplan ist die Forderung nach Familienplanung mittels Aufklärung und empfängnisverhütenden Mitteln. Ferner seien generell die Perspektiven der Frauen zu verbessern, namentlich mit dem Zugang zu Bildung, zu einer verbesserten Gesundheitsversorgung und durch ökonomische Selbständigkeit.

Im Jahr 1995 wird die Welthandelsorganisation WTO gegründet. Ihre Aufgabe liegt in der Regelung von Handelsunstimmigkeiten sowie der Verwaltung, Überwachung und Weiterentwicklung von Handelsabkommen. Dazu zählen für den internationalen Güterhandel das GATT (General Agreement on Tariffs and Trade), für den internationalen Dienstleistungshandel das GATS (General Agreement on Trade in Services) und für Fragen der geistigen Eigentumsrechte das TRIPS (Agreement on Trade-Related Aspects of Intellectual Property Rights). Auf die Zusammenhänge mit der Thematik der Nachhaltigen Entwicklung wurde in Unterkapitel 3.3 näher hingewiesen.

Im Jahr 1995 fanden auch zwei für die soziale Dimension der Nachhaltigen Entwicklung wichtige internationale Konferenzen statt: der Weltgipfel für soziale Entwicklung in Kopenhagen, an dem Armutsbekämp-

fung, Recht auf Arbeit für alle, soziale Integration im Zentrum standen, sowie der Weltfrauengipfel in Peking, der eine Aktionsplattform mit strategischen Zielen für die Gleichstellung von Frauen und Männern verabschiedete. Im Jahr 1996 behandelte die Konferenz über menschliche Siedlungen (Habitat II) in Istanbul Nachhaltigkeitsfragen rund um das Siedlungswesen, und es wurde die Instanbuler Erklärung über menschliche Siedlungen verabschiedet. Auf dem Welternährungsgipfel 1996 in Rom wurde die Umsetzung des Rechts auf Nahrung erstmals im Rahmen der Welternährungsorganisation (FAO) als konkrete Zielsetzung formuliert.
Im Jahr 1997 zog die Rio+5-Konferenz der UNO-Vollversammlung eine erste Bilanz der Umsetzung der Agenda 21, und es wurde ein Arbeitsprogramm für die weitere Umsetzung der Agenda 21 in den nächsten fünf Jahren verabschiedet, das u.a. den Auftrag an die Staaten zur Entwicklung von nationalen Nachhaltigkeitsstrategien bis spätestens 2002 sowie deren Umsetzung konkretisierte. Ebenfalls 1997 wird das Protokoll von Kyoto zur Umsetzung des Rahmenübereinkommens der Vereinten Nationen über Klimaveränderungen abgeschlossen, welches das Ziel der Reduktion der Treibhausgasemissionen mit konkreten Reduktionsverpflichtungen für die Staaten anzustreben versucht (vgl. dazu Unterkapitel 5.1 zur Klima- und Energiepolitik). Nach langwierigen Verhandlungen konnte das Protokoll erst 2005 in Kraft treten.
Im September 2000 beschliesst die UNO-Generalversammlung, messbare und zeitlich fixierte Ziele zur Bekämpfung von Hunger, Armut, Krankheit, Analphabetismus, Diskriminierung von Frauen und Umweltzerstörung festzulegen. Die so genannten Millennium-Entwicklungsziele (Millennium Development Goals MDG) sind vorab einem generellen Entwicklungsanliegen verpflichtet. Da jedoch nicht nur die wirtschaftliche Entwicklungsoptik, sondern auch gesellschaftliche und umweltbezogene Ziele verankert sind, stehen die MDGs in einem engen Bezug zur Nachhaltigen Entwicklung. Die Millenniumserklärung verpflichtete die reichen wie die armen Länder, alles daran zu setzen, um die Armut zu beseitigen, die menschliche Würde und die Gleichberechtigung zu fördern, sowie Frieden, Demokratie und ökologische Nachhaltigkeit zu verwirklichen. Von der Millenniumserklärung sind acht Hauptziele (MDGs) abgeleitet worden (Tabelle 4). Mit messbaren Zielen sind alle Länder und

internationalen Organisationen zum Handeln aufgerufen. Alle Mitgliedstaaten der Vereinten Nationen haben sich verpflichtet, diese Ziele bis zum Jahr 2015 zu erreichen.

Hauptziele	Teilziele
1. Beseitigung der extremen Armut und des Hungers	• Die Zahl der Menschen, die von weniger als einem US-Dollar pro Tag leben, soll um die Hälfte gesenkt werden. • Der Anteil der Menschen, die unter Hunger leiden, soll um die Hälfte gesenkt werden.
2. Grundschulbildung für alle	• Alle Jungen und Mädchen sollen eine vollständige Grundschulausbildung erhalten.
3. Förderung der Gleichstellung der Geschlechter und Ermächtigung der Frau	• In der Grund- und Mittelschulausbildung soll bis zum Jahr 2005 und auf allen Ausbildungsstufen bis zum Jahr 2015 jede unterschiedliche Behandlung der Geschlechter beseitigt werden.
4. Senkung der Kindersterblichkeit	• Die Sterblichkeit von Kindern unter fünf Jahren soll um zwei Drittel gesenkt werden.
5. Verbesserung der Gesundheit von Müttern	• Die Müttersterblichkeit soll um drei Viertel gesenkt werden.
6. Bekämpfung von HIV/Aids, Malaria und anderen Krankheiten	• Die Ausbreitung von HIV/Aids soll zum Stillstand gebracht und zum Rückzug gezwungen werden. • Der Ausbruch von Malaria und anderer schwerer Krankheiten soll unterbunden und ihr Auftreten zum Rückzug gezwungen werden.
7. Sicherung der ökologischen Nachhaltigkeit	• Die Grundsätze der Nachhaltigen Entwicklung sollen in der nationalen Politik übernommen werden. Dem Verlust von Umweltressourcen soll Einhalt geboten werden. • Die Zahl der Menschen, die über keinen nachhaltigen Zugang zu gesundem Trinkwasser verfügen, soll um die Hälfte gesenkt werden. • Bis zum Jahr 2020 sollen wesentliche Verbesserungen in den Lebensbedingungen von mindestens 100 Millionen Slumbewohnern erzielt werden.
8. Aufbau einer weltweiten Partnerschaft für Entwicklung	• Ein offenes Handels- und Finanzsystem, das auf festen Regeln beruht, vorhersehbar ist und nicht diskriminierend wirkt, soll weiter ausgebaut werden. Dies schliesst eine Verpflichtung zu guter Staatsführung, zur Entwicklung und zur Beseitigung der Armut sowohl auf nationaler wie auf internationaler Ebene ein.

	• Auf die besonderen Bedürfnisse der am wenigsten entwickelten Länder muss entsprechend eingegangen werden. Dazu gehören der zoll- und quotenfreie Marktzugang für die Exporte dieser Länder; die verstärkte Schuldenerleichterung für die hoch verschuldeten armen Länder; die Streichung aller bilateralen öffentlichen Schulden dieser Länder; sowie eine grosszügigere Entwicklungshilfe für Länder, die wirkliche Anstrengungen zur Senkung der Armut unternehmen. • Auf die besonderen Bedürfnisse der Binnenstaaten und der kleinen Inselentwicklungsländer muss entsprechend eingegangen werden. • Die Schuldenprobleme der Entwicklungsländer mit niedrigen und mittleren Einkommen müssen durch Massnahmen auf nationaler und internationaler Ebene umfassend und wirksam angegangen werden, damit ihre Schulden auf lange Sicht tragbar werden. • In Zusammenarbeit mit den Entwicklungsländern soll für die Schaffung menschenwürdiger und produktiver Arbeitsplätze für junge Menschen gesorgt werden. • In Zusammenarbeit mit der pharmazeutischen Industrie sollen lebenswichtige Medikamente in den Entwicklungsländern zu erschwinglichen Preisen verfügbar gemacht werden. • In Zusammenarbeit mit dem Privatsektor sollen die Vorteile der neuen Technologien, insbesondere der Informations- und Kommunikationstechnologien, verfügbar gemacht werden.

Tab. 4: Die Millennium-Entwicklungsziele

Einen weiteren wichtigen Meilenstein bildete 2001 die Deklaration der WTO-Ministerkonferenz von Doha (Qatar). Darin wurde das Mandat für die neu lancierte, als «Entwicklungsrunde» deklarierte Welthandelsliberalisierungsrunde definiert. Durch die speziellen Ziele in Bezug auf eine entwicklungsförderliche Ausgestaltung des Welthandelssystems, durch die angestrebte Weiterentwicklung der Handelsregeln in aus Nachhaltigkeitssicht kritischen Bereichen wie Landwirtschaft, Dienstleistungen, geistige Eigentumsrechte und durch den expliziten Auftrag zur Klärung des Verhältnisses von Handel und Umwelt liegt die Bedeutung der Doha-

Entwicklungsrunde für die Nachhaltige Entwicklung auf der Hand (siehe in Unterkapitel 3.3 die Ausführungen zu Globalisierung und Freihandel). Vor dem Weltgipfel von Johannesburg wurde schliesslich die internationale Konferenz über Entwicklungsfinanzierung von Monterrey (Mexiko) im Jahr 2002 abgehalten. Ziel war die Schaffung einer gemeinsamen Grundlage («Monterrey Consensus») für die Mobilisierung ausreichender Ressourcen für die Armutsbekämpfung und Nachhaltige Entwicklung im Rahmen einer umfassenden Entwicklungspartnerschaft zwischen Industrie- und Entwicklungsländern. In Monterrey hat sich erstmals eine Weltkonferenz mit dem gesamten Spektrum der Mobilisierung von Finanzmitteln für die Entwicklung befasst: nationale finanzielle Ressourcen für Entwicklung, ausländische Direktinvestitionen und andere private Zuflüsse, internationaler Handel als Motor für Entwicklung, Steigerung der internationalen finanziellen und technischen Zusammenarbeit, Entschuldung von Entwicklungsländern, verbesserte Kohärenz und Konsistenz des internationalen Finanz- und Handelssystems.

Weltgipfel für Nachhaltige Entwicklung, Johannesburg 2002

Am Weltgipfel für Nachhaltige Entwicklung wurde eine umfassende Rückschau auf die bisherige Umsetzung der Agenda 21 gehalten. Die Teilnehmenden bestätigten, dass sie die Millennium-Entwicklungsziele erreichen, in der Entwicklungsfinanzierung Fortschritte erzielen und die Vorgaben der WTO-Ministerkonferenz von Doha einhalten wollten. Als Ergebnis multilateraler Verhandlungen wurden an der Konferenz folgende Dokumente verabschiedet:

- Politische Deklaration
- Johannesburg-Umsetzungsplan (Johannesburg Plan of Implementation, JPOI)

Bei der Politischen Deklaration handelt es sich um eine Erklärung mit Präambelcharakter für den Umsetzungsplan, die insbesondere auch die Bezüge zu den Konferenzen von Rio und Stockholm herstellt. Der Umsetzungsplan macht die Agenda 21 von Rio weder hinfällig noch ersetzt er diese. Mit dem Umsetzungsplan bestätigte die Konferenz vielmehr die Agenda 21 und legte ein umfassendes Programm zu deren weiteren Umsetzung fest. Der Umsetzungsplan enthält auf rund 60 Seiten 170 Artikel, die sich in die folgenden elf Kapitel gliedern:

I Einführung
II Armutsbekämpfung
III Veränderung nicht nachhaltiger Konsum- und Produktionsmuster
IV Schutz und Erhalt der natürlichen Ressourcengrundlagen für die ökonomische und soziale Entwicklung
V Nachhaltige Entwicklung in einer sich globalisierenden Welt
VI Gesundheit und Nachhaltige Entwickung
VII Nachhaltige Entwicklung sich entwickelnder kleiner Inselstaaten
VIII Nachhaltige Entwicklung Afrikas
IX Andere regionale Initiativen
X Mittel zur Umsetzung
XI Institutioneller Rahmen für die Nachhaltige Entwicklung

In einer Gesamtwürdigung ist der Umsetzungsplan als politisches Konsensdokument zu bezeichnen, das – analog zur Agenda 21 – rechtlich nicht direkt verbindlich ist. Inhaltlich konnten die Errungenschaften von Rio gesichert werden. Es waren nur wenige punktuelle Fortschritte zu verzeichnen; als neue international vereinbarte Ziele wurden die Reduktion der Anzahl Menschen ohne Zugang zu sanitären Einrichtungen um die Hälfte bis 2015 sowie die Minimierung schwerwiegender Schäden durch Chemikalien bis 2020 beschlossen. Auch die erneuerbaren Energien wurden verstärkt thematisiert. Immerhin traten auch keine wesentlichen Rückschritte ein. Die wirtschaftlichen und sozialen Nachhaltigkeitsdimensionen wurden stärker gewichtet. Namentlich die Armutsbekämpfung wurde stark in den Vordergrund gerückt, ebenso die Gesundheitsthematik. Der Johannesburg-Umsetzungsplan unterstreicht die Bedeutung nationaler Nachhaltigkeitsstrategien und deren Umsetzung.

Ein weiteres Ergebnis der Johannesburg-Konferenz waren über 200 so genannte Partnerschaftsinitiativen. Dies sind gemeinsame Projekte zwischen Regierungen, internationalen Organisationen und Nichtregierungsorganisationen oder dem Privatsektor zur Umsetzung der Agenda 21. Die Schweiz beteiligte sich aktiv an Partnerschaftsinitiativen zu nachhaltiger Gebirgsentwicklung und nachhaltiger landwirtschaftlicher und ländlicher Entwicklung.

4.2 Wichtige Akteure und Prozesse auf internationaler Ebene

Diskurs und Politik der Nachhaltigen Entwicklung auf internationaler Ebene werden heute von zahlreichen Akteuren und Prozessen mitgeprägt, die zusammen einen umfassenden, wenn auch nicht perfekten Ordnungsrahmen bilden.

UNO-System: universeller Rahmen sowie Umwelt- und Sozialregime

Das UNO-System mit der Generalversammlung, verschiedenen Kommissionen und Gremien, mit seinen diversen Unterorganisationen und Programmen bildet den universellen Rahmen. Die drei grossen Konferenzen von Stockholm, Rio und Johannesburg auf der Ebene der Regierungs- und Staatschefs sind institutionell hier anzusiedeln.
UNO-Organisationen oder -Programme wie das UNO-Umweltprogramm (UNEP), die Internationale Arbeitsorganisation (ILO), die Weltgesundheitsorganisation (WHO) oder das UNO-Entwicklungsprogramm (UNDP) setzen sich mit thematischen Teilgebieten der Nachhaltigen Entwicklung auseinander. Nachhaltigkeitsdialoge werden auch in regionalen Gruppierungen der UNO geführt. Für die Schweiz steht dabei die UNO-Wirtschaftskommission für Europa (UNECE) im Vordergrund. In den UNO-Kontext können auch die zahlreichen Übereinkünfte im Bereich der internationalen Umweltpolitik, der Entwicklungsförderung, der sozialen Entwicklung, der Menschenrechte usw. gesetzt werden.
Speziell ist die bereits weiter oben erwähnte UNO-Kommission für Nachhaltige Entwicklung (UNCSD) anzusprechen. Die Kommission soll die Umsetzungsschritte zur Agenda 21 begleiten, überwachen und bewerten. Sie soll dies in Ergänzung zu sektoralen politischen Prozessen, wie z.B. Umsetzungsprozessen von internationalen Umweltübereinkünften leisten, ohne jedoch Doppelspurigkeiten zu erzeugen. Ihre Arbeitsweise wurde am Weltgipfel von Johannesburg präzisiert. Die Kommission arbeitet seither in thematischen Zweijahreszyklen, in denen das erste Jahr den Grundlagen und Analysen, das zweite Jahr der Ausarbeitung von politischen Empfehlungen gewidmet ist. Tabelle 5 zeigt die beschlossenen Themenzyklen bis 2017 auf. In diesem Jahr soll eine Gesamtbilanz zur Umsetzung der Agenda 21 gezogen werden.

Zyklus	**Schwerpunktthemen**
2004/2005	Wasser; Sanitäre Einrichtungen; Siedlungen
2006/2007	Energie für Nachhaltige Entwicklung; Industrielle Entwicklung; Luftreinhaltung / Schutz der Erdatmosphäre; Klimawandel
2008/2009	Landwirtschaft; Ländliche Entwicklung; Boden- und Flächennutzung; Dürre; Wüstenbildung; Afrika
2010/2011*	Verkehr; Chemikalien; Abfallmanagement; Bergbau; Zehn-Jahres-Rahmen von Programmen für nachhaltige Konsum- und Produktionsmuster
2012/2013*	Wälder; Biologische Vielfalt; Biotechnologie; Tourismus; Bergregionen
2014/2015*	Meere; Meeresressourcen; Kleine Inselstaaten; Katastrophenvorsorge / Vulnerabilität
2016/2017	Gesamtbewertung der Agenda 21, des Programms zur weiteren Umsetzung der Agenda 21 und des Umsetzungsplans von Johannesburg
*Die Themen der Zyklen 2010/2011, 2012/2013 und 2014/2015 bleiben Teil des Arbeitsprogramms, es sei denn, die Kommission für Nachhaltige Entwicklung trifft eine abweichende Entscheidung.	

Tab. 5: Themenzyklen der UNO-Kommission für Nachhaltige Entwicklung

WTO: Welthandelsregime

Vom UNO-System unabhängig ist das Welthandelssystem der Welthandelsorganisation WTO. Deren Aufgaben wurden bereits im vorangehenden Unterkapitel angesprochen, und auf die Relevanz des Welthandelsregimes für die Nachhaltige Entwicklung wurde schon in Unterkapitel 3.3 bei der Behandlung von Globalisierung und Freihandel eingegangen. An jener Stelle wurde auch die Problematik des institutionellen Ungleichgewichts zwischen dem starken Welthandelsregime (inkl. Finanzregime) und den schwächeren internationalen Umwelt- und Sozialregimes hingewiesen.

Weltbank und Internationaler Währungsfonds: Finanzregime

Die internationale Nachhaltigkeitspolitik wird auch massgeblich durch die beiden nach ihrem Gründungsort benannten «Bretton Woods»-Institutionen Weltbank und Internationaler Währungsfonds mitbestimmt. Während die Weltbank die Aufgabe der längerfristig orientierten Ent-

wicklungsförderung wahrnimmt und über ihre Kreditpolitik, Länderentwicklungsstrategien und Projektförderungen sehr spezifisch Einfluss auf die Entwicklung in den Ländern des Südens nimmt, befasst sich der Währungsfonds mit Zahlungsbilanzfragen und makroökonomischen Ungleichgewichten und beeinflusst die betroffenen Länder über die gesamtwirtschaftliche Rahmensetzung. Vor allem die Weltbank hat immer wieder gewichtige konzeptionelle Beiträge zur internationalen Nachhaltigkeitspolitik geleistet (siehe z.B. World Bank 1992 und 2003). Die Politik von Weltbank und Währungsfonds, etwa im Zusammenhang mit der Unterstützung von umstrittenen Grossprojekten wie Staudämmen oder rigiden Austeritätsprogrammen für arme Entwicklungsländer, sind immer wieder Gegenstand von Kritik.
Bei den Lokalitäten von Weltbank und Währungsfonds in Washington, D.C., angesiedelt, aber davon unabhängig, ist die aus Nachhaltigkeitssicht bedeutsame Global Environment Facility (GEF). GEF wurde 1991 gegründet, um Entwicklungsländer in Projekten und Programmen zugunsten der globalen Umwelt und zur Verbesserung der Lebensumstände in lokalen Gemeinschaften zu unterstützen. Sie fördert Vorhaben auf den Gebieten Biodiversität, Klimawandel, internationale Gewässer, Bodendegradation, Schutz der Ozonschicht und «POPs» (Persistent Organic Pollutants). In der Umsetzung arbeitet GEF eng mit dem UNO-Umweltprogramm (UNEP), dem UNO-Entwicklungsprogramm (UNDP) und der Weltbank zusammen.

OECD

Die Organisation für wirtschaftliche Zusammenarbeit und Entwicklung (OECD) als Vereinigung der fortgeschrittenen Industrieländer ist als Akteurin der Nachhaltigkeitspolitik zu nennen, weil sie für den Politikdialog unter den Industrieländern und durch die Bereitstellung von Empfehlungen und Grundlagen für die Nachhaltigkeitspolitik wertvolle Dienste leistet. So hat sie beispielsweise nützliche Grundlagen für die Ausarbeitung von nationalen Nachhaltigkeitsstrategien (OECD 2002a) und die Entwicklung von Nachhaltigkeitsindikatoren bereitgestellt (OECD 2000 und 2002b). Ferner entwickelt sie Vorschläge zu einer verbesserten Kohärenz ökonomischer, sozialer und ökologischer Politiken.

Europäische Union

Aus Sicht der mitten in Europa gelegenen und von der Europäischen Union umgebenen Schweiz ist zweifellos von Belang, welche Politik in diesem Raum verfolgt wird. In der EU steht die Nachhaltigkeitspolitik im Spannungsfeld verschiedener Politikprozesse. Den so genannten Cardiff-Prozess startete der Europäische Rat 1998 in Cardiff zur Integration von Umweltaspekten in die anderen Politikbereiche. Den Lissabon-Prozess lancierte der Europäische Rat 2000 in Lissabon, um strategische Ziele der Europäischen Union für die Bereiche Beschäftigung, Wirtschaftsreform und sozialer Zusammenhalt festzulegen. Um diesen nicht reibungsfreien Prozessen mehr Kohärenz und Zusammenhang zu verleihen, beschloss die Europäische Kommission 2001 im Hinblick auf den Johannesburg-Gipfel eine längerfristig angelegte Nachhaltigkeitsstrategie.

2006 ist diese Strategie erneuert worden. Die Aktualisierung betrifft einerseits die inhaltlichen Fragestellungen, andererseits aber auch Präzisierungen institutioneller und organisatorischer Natur. Insbesondere wurde die bisher noch separat behandelte entwicklungspolitische Dimension der Armutsbekämpfung im Süden integriert. Die Strategie verfügt über die folgenden thematischen Schwerpunkte:

- Klimawandel und Energie,
- nachhaltiger Verkehr,
- nachhaltige Produktions- und Konsummuster,
- Erhaltung der natürlichen Ressourcen,
- öffentliche Gesundheit,
- sozialer Ausschluss, Demografie und Migration,
- globale Armut und Entwicklungsherausforderungen.

Auf nationalstaatlicher Ebene verfügen mittlerweile fast alle Staaten der EU über nationale Nachhaltigkeitsstrategien. Bis heute besteht keine Absicht, diese EU-weit zu harmonisieren oder zu standardisieren. Es findet aber ein intensiver Informations- und Erfahrungsaustausch unter Beteiligung der Europäischen Kommission statt, um Verbesserungen und qualitative Weiterentwicklungen herbeizuführen. Die Schweiz ist darin vollwertig einbezogen.

4.3 Umsetzung auf nationaler Ebene in der Schweiz

Parallel zur mehrere Jahrzehnte umfassenden Genese des Konzeptes und der internationalen Politik der Nachhaltigen Entwicklung reicht auch die schweizerische Auseinandersetzung mit dem Thema als implizite Nachhaltigkeitspolitik weit zurück. Ab 1992 wurde in Umsetzung der Beschlüsse von Rio eine explizite Nachhaltigkeitspolitik in die Wege geleitet.

Implizite Nachhaltigkeitspolitik

Der Anfangspunkt kann schon im 19. Jahrhundert beim Erlass des eidgenössischen Forstpolizeigesetzes von 1876 angesetzt werden, welches als Folge der Abholzungen und dadurch verursachten grossen Überschwemmungen eingeführt wurde und die nachhaltige Waldnutzung sicherstellen sollte. Die Realteilung und die Veräusserung öffentlicher Wälder wurden untersagt. Als wohl wichtigste Bestimmung wurde das Gebot der Walderhaltung (Rodungsverbot) bzw. der Waldvermehrung verankert. In der Folge wurden im ganzen Voralpengürtel zwischen Boden- und Genfersee vor allem auf erosionsgefährdeten Standorten umfangreiche Aufforstungen ausgeführt, und es konnten wichtige Schutzwälder begründet werden.

Als weitere wichtige implizite Nachhaltigkeitspolitik kann die Raumplanung angesehen werden. Von den 1960er bis zu den 1980er Jahren waren Bodenverbrauch, Zersiedlung, Verstädterung und verstärkte Ungleichgewichte in der räumlichen Entwicklung ein herausragendes politisches Thema in der Schweiz. Die politischen Auseinandersetzungen ebneten schliesslich einer Raumplanungspolitik den Weg, die den Kantonen die Hauptverantwortung und dem Bund eine koordinierende und fördernde Rolle zuwies. Der Bundesverfassungsartikel über die Raumplanung wurde 1969 eingeführt. Das Bundesgesetz über die Raumplanung vom 22. Juni 1979 enthält zu jeder Dimension der Nachhaltigen Entwicklung Ziele und Grundsätze, und dies schon bevor die internationale Debatte über die Nachhaltige Entwicklung einsetzte. Auf die Raumplanung wird noch detaillierter in Kapitel 5 eingetreten.

Zeitlich parallel zur Raumplanung entstand auch eine nationale Umweltschutzpolitik. Der Umweltschutzgedanke fand seit den späten 1960er Jahren schnell grosse Resonanz in der Schweizer Bevölkerung. Die Institutionalisierung des Gewässerschutzes in Bund und Kantonen ermöglichte

die Erstellung von Kläranlagen im ganzen Land und verschaffte dem Bund die Kompetenz zum Erlass einheitlicher Schadstoffkonzentrationsgrenzwerte. Der Verfassungsartikel zum Umweltschutz wurde 1971 angenommen. Sowohl der Mensch als auch seine natürliche Umwelt sollten vor schädlichen oder lästigen Einwirkungen geschützt werden. Damit wurde Umweltschutz Bundessache, wobei der Vollzug grundsätzlich an die Kantone delegiert wurde.
Ferner ist auch an die seit den 1960er Jahren geführten Debatten zur Energiepolitik zu erinnern. Als Reaktion auf die erste Ölpreiskrise wurde 1978 im Rahmen der eidgenössischen Kommission für die Gesamtenergiekonzeption (GEK) ein Konzept für eine schweizerische Energiepolitik entworfen, welches die Zielsetzungen Energiesparen und Substitution fossiler Energieträger durch einheimische und erneuerbare Energieträger postulierte. Der Energieartikel in der Bundesverfassung wurde 1990 angenommen und ebnete den Weg für die Aktionsprogramme «Energie 2000» und «EnergieSchweiz» mit quantitativen Zielsetzungen bezüglich Energieverbrauchsentwicklung und Einsatz erneuerbarer Energien, sowie für das 1999 erlassene Energiegesetz. Auch die Energiepolitik wird im Kapitel 5 vertieft.
Die genannten Beispiele von Sektorpolitiken hatten deutliche Bezüge zur internationalen «Nachhaltigkeitsdebatte» der jeweiligen Zeitepoche, etwa zu den «Grenzen des Wachstums». Sie könnten aber zweifellos durch viele weitere ergänzt werden.

Qualitatives Wachstum

Mit dem Aufkommen des Konzeptes des «qualitativen Wachstums» wurde die einzelsektorale Betrachtungsweise auf eine allgemeinere Ebene gehoben. Gestützt auf Grundlagenarbeiten (BFK 1985) legte die schweizerische Landesregierung ihrer Tätigkeit in der Legislaturperiode 1987 – 1991 die Leitidee des qualitativen Wachstums zugrunde. Dabei wurde folgende Definition zugrunde gelegt: «Qualitatives Wachstum sei jede nachhaltige Zunahme der gesamtgesellschaftlichen und pro Kopf der Bevölkerung erreichten Lebensqualität, die mit geringerem oder zumindest nicht ansteigendem Einsatz an nicht vermehrbaren oder nicht regenerierbaren Ressourcen sowie abnehmenden oder zumindest nicht zunehmenden Umweltbelastungen erzielt wird» (BFK 1985, S. 15). Unter

Lebensqualität wurde die Befriedigung sowohl materieller als auch immaterieller Bedürfnisse verstanden, was über den blossen wirtschaftlichen Wohlstand hinausweist und auch das subjektive Wohlbefinden einschliesst. Wichtige Aspekte seien dabei die Umweltqualität, aber auch Qualität und Organisation der Arbeitswelt, Verteilungsfragen und die Verminderung von Gesundheitsschädigungen. Qualitatives Wachstum bedeute eine Orientierung auf einen international wettbewerbsfähigen Typus der Wertschöpfung, der mit weniger externen Kosten und Belastungen Dritter sowie mit geringerem Aufwand an Rohstoffen und Energie verbunden und durch den Einsatz von Humankapital gekennzeichnet sei.

Rio und die Konsequenzen in der Schweiz

Die aktive Mitwirkung der Schweiz an der Konferenz von Rio de Janeiro im Jahr 1992 kann als der offizielle Beginn einer expliziten Nachhaltigkeitspolitik der Schweiz bezeichnet werden. Indem die Schweizer Regierung die Dokumente von Rio mitunterzeichnete und die völkerrechtlichen Verträge der Klimarahmen- und der Biodiversitätskonvention bis zur Ratifizierung führte, hat sie sich zusammen mit 178 weiteren Staaten zu einem Handeln im Sinne der Rio-Deklaration und der Agenda 21 bekannt und verpflichtet, auf nationaler und internationaler Ebene eine Politik für die Nachhaltige Entwicklung auszuarbeiten und umzusetzen.

Interdepartementaler Ausschuss Nachhaltige Entwicklung

Als erste organisatorische Massnahme setzte der Bundesrat 1993 den «Interdepartementalen Ausschuss Rio (IDARio)» ein, welcher bis heute besteht und zwischenzeitlich in «Interdepartementaler Ausschuss Nachhaltige Entwicklung (IDANE)» umbenannt wurde. Die noch heute gültigen Aufgaben des IDANE waren anlässlich der Einsetzung im Jahr 1993 im zugehörigen Bundesratsbeschluss umschrieben worden:

- Abstimmung der Politik des Bundes im Bereich der Nachhaltigen Entwicklung,
- Departements- und ämterübergreifende Koordination der Aktivitäten des Bundes, welche für die Nachhaltige Entwicklung bedeutsam sind,
- gemeinsame Entwicklung von Strategien und Massnahmen zur Umsetzung der Agenda 21 durch die Schweiz,

- Abstimmung der an internationalen Prozessen vertretenen Positionen der Schweiz und Berichterstattung zuhanden der internationalen Gremien (z.B. UNO),
- Pflege der Beziehungen innerhalb der Bundesverwaltung sowie zum Privatsektor und zur Zivilgesellschaft.

Im IDANE wirken heute rund 25 Bundesstellen mit. Er wird vom Bundesamt für Raumentwicklung (ARE) präsidiert. Mit dem ARE zusammen bilden die Bundesämter für Umwelt (BAFU), für Gesundheit (BAG), für Landwirtschaft (BLW) sowie die Direktion für Entwicklung und Zusammenarbeit (DEZA) das so genannte «IDANE-Büro» als engeres Steuerungsgremium. Das Vizepräsidium des IDANE wechselt jährlich zwischen BAFU, BAG, BLW und DEZA. Das Amt in Vizepräsidiumsfunktion leitet die internationalen Aktivitäten des IDANE, namentlich die schweizerische Mitwirkung bei der UNO-Kommission für Nachhaltige Entwicklung. Die genannten Aufgaben der verwaltungsinternen Koordination und des Informationsaustausches beinhalten keine Entscheidungskompetenzen und tangieren die üblichen formellen Entscheidungsabläufe nicht. Der IDANE verfügt damit – anders als man vielleicht aufgrund der besonderen Thematik und Herausforderung vermuten könnte – nicht über weiter gehende Kompetenzen als zahlreiche andere überdepartementale Koordinationsgruppen.

Strategie Nachhaltige Entwicklung 1997

Die Agenda 21 forderte die Staaten dazu auf, nationale Nachhaltigkeitsstrategien zu entwickeln. Dieser Auftrag wurde später an der Rio+5-Konferenz und am Weltgipfel von Johannesburg bestätigt und erneuert. Die Schweizer Regierung beschloss 1997 eine erste «Nachhaltigkeitsstrategie», die im Wesentlichen aus einem Aktionsplan mit acht Aktionsfeldern und elf Massnahmen bestand (vgl. Tabelle 6). Über die Umsetzung der Strategie 1997 zieht ein Evaluationsbericht (IDARio 2000) eine insgesamt zufriedenstellende Bilanz und gibt über die elf Massnahmen im Einzelnen Auskunft. Einige Massnahmen, wie z.B. 1, 6 und 7, konnten auf der Basis von Berichten oder wissenschaftlichen Grundlagenarbeiten mittlerweile erfolgreich als Daueraufgaben in der Verwaltungspraxis verankert werden. Eine positiv zu wertende Massnahme legislatorischer Natur ist die Agrarreform (Massnahme 10), die den Wechsel von einer Produktepreise stützenden, Intensivproduktion fördernden Landwirtschaft hin zu einer vermehrt mittels Direktzahlungen agierenden, die Multifunktionalität der Landwirtschaft fördernden Agrarpolitik herbeiführte. Analog ist die verkehrspolitische Massnahme 9 einzuschätzen, die verschiedenen politischen Ansätzen zur Förderung des öffentlichen Verkehrs und der Verkehrsverlagerung von der Strasse auf die Schiene den Weg ebnete (z.B. Leistungsabhängige Schwerverkehrsabgabe LSVA, Finanzierung von Infrastrukturprojekten der Eisenbahnen, namentlich «Bahn 2000»). Andere Massnahmen konnten bundesrats- und verwaltungsseitig erfolgreich vorangetrieben werden – nur dieser Wirkungskreis wird direkt von einer Strategie des Bundesrates erfasst –, stiessen jedoch beim Parlament oder beim Stimmvolk auf Widerstände. Dies gilt besonders für die ökologische

Aktionsfeld 1:	**Internationales Engagement**
Massnahme 1:	Schaffung eines gemeinsamen Grundverständnisses für die internationale Politik der Nachhaltigen Entwicklung
Aktionsfeld 2:	**Energie**
Massnahme 2:	Weiterführung und Verstärkung der Ansätze im Energiebereich
Aktionsfeld 3:	**Wirtschaft**
Massnahme 3:	Verstärkung der Einkaufsrichtlinien
Massnahme 4:	Erweiterung der Wirtschafts- und Konjunkturförderungsprogramme
Aktionsfeld 4:	**Konsumverhalten**
Massnahme 5:	Förderung der Transparenz, Internalisierung und Harmonisierung auf internationaler Ebene
Massnahme 6:	Anerkennung und Förderung von Labels
Aktionsfeld 5:	**Sicherheitspolitik**
Massnahme 7:	Darstellung der Zusammenhänge zwischen Nachhaltiger Entwicklung und allgemeiner Existenzsicherung
Aktionsfeld 6:	**Ökologische Steuerreform**
Massnahme 8:	Besteuerung der Energie und Entlastung der Arbeit
Aktionsfeld 7:	**Bundesausgaben**
Massnahme 9:	Weiterentwicklung des Finanzierungskonzeptes im Verkehrsbereich
Massnahme 10:	Weiterführung und konsequente Umsetzung der Agrarreform
Aktionsfeld 8:	**Umsetzung und Erfolgskontrolle**
Massnahme 11:	Schaffung eines Rates für Nachhaltige Entwicklung

Tab. 6: Strategie Nachhaltige Entwicklung 1997: Aktionsfelder und Massnahmen

Steuerreform (Massnahme 8), die in einer Volksabstimmung im Jahr 2000 abgelehnt wurde. Auf die spezielle Problematik des Rates für Nachhaltige Entwicklung (Massnahme 11) wird nachfolgend speziell eingegangen.

Rat für Nachhaltige Entwicklung

Agenda 21 und Johannesburg-Umsetzungsplan empfehlen den Staaten neben internen organisatorischen Strukturen in der Art des IDANE auch, Konsultations- und Beratungsorgane mit verwaltungsunabhängigen Akteuren einzurichten. Viele Staaten, darunter besonders auch europäische, haben solche meist «Rat für Nachhaltige Entwicklung» genannte Gremien eingesetzt. Einen umfassenden Überblick über die Sachlage in Bezug auf Nachhaltigkeitsräte gibt eine Publikation des Netzwerks «European Environment and Sustainable Development Advisory Councils EEAC» (Niestroy 2005). Solche Räte können verschiedene Funktionen, ausschliesslich oder in Kombination, erfüllen. Sie können als die Regierung beratende Expertengremien fungieren, eine Controllingfunktion für nationale Nachhaltigkeitsstrategien ausüben, als Dialoggremium zwischen Regierung und Stakeholdergruppen wie Nichtregierungsorganisationen und der Wirtschaft dienen oder eine Sensibilisierungsaufgabe gegenüber der Bevölkerung erfüllen. Als Massnahme 11 der Strategie Nachhaltige Entwicklung 1997 setzte auch die Schweizer Regierung 1999 einen Nachhaltigkeitsrat ein. Aus verschiedenen Gründen, die teils im internen Funktionieren das Rates lagen, teils auch darin, dass es nicht gelang, ein Vertrauensverhältnis zum Bundesrat aufzubauen, wurde der Rat jedoch bereits 2001 wieder aufgelöst. Bis heute ist es nicht gelungen, ein analoges Gremium erneut zu schaffen.

Neue Bundesverfassung

Ein markantes Ereignis trat mit der Revision der Bundesverfassung im Jahr 1999 ein. Die offiziell lediglich nachgeführte Bundesverfassung erhielt als eine der wenigen Innovationen neu auch explizite Bestimmungen zur Nachhaltigen Entwicklung (siehe Tabelle 7), wobei anzumerken ist, dass der Grundsatz der Nachhaltigkeit auch in anderen Verfassungsbestimmungen implizit enthalten ist, so etwa in Artikel 54 (Auswärtige Angelegenheiten), in Artikel 75 (Raumplanung), in Artikel 104 (Landwirtschaft) oder in Artikel 126 (Schuldenbremse). Damit ist die Schweiz eines von sehr wenigen Ländern, die die Nachhaltige Entwicklung in ihrem Grundgesetz verankert haben. Dies bedeutet, dass die Nachhaltige Entwicklung kein freiwilliges Unterfangen mehr darstellt, sondern eine verpflichtende Aufgabe für Bund und Kantone ist. Da jedoch vorderhand keine Anschlussgesetzgebung besteht, welche deren Aufgaben in der Nachhaltigen Entwicklung konkretisieren würde, haben die Nachhaltigkeitsbestimmungen vor allem programmatischen Charakter.

Präambel
Im Bewusstsein der gemeinsamen Errungenschaften und der *Verantwortung gegenüber den künftigen Generationen*

Art. 2 Zweck [der Eidgenossenschaft]
[2] Sie fördert die gemeinsame Wohlfahrt, die *Nachhaltige Entwicklung,* den inneren Zusammenhalt und die kulturelle Vielfalt des Landes.

[4] Sie setzt sich ein für die *dauerhafte Erhaltung der natürlichen Lebensgrundlagen und für eine friedliche und gerechte internationale Ordnung.*

Art. 73 *Nachhaltigkeit*
Bund und Kantone streben ein auf Dauer ausgewogenes Verhältnis zwischen der Natur und ihrer Erneuerungsfähigkeit einerseits und ihrer Beanspruchung durch den Menschen anderseits an.

Tab. 7: Die Nachhaltigkeitsbestimmungen der Bundesverfassung (Hervorhebungen D.W.)

In einem Rechtsgutachten (ARE 2004b) wurden diese Verfassungsbestimmungen interpretiert und auf ihre rechtliche Tragweite hin analysiert. Danach sind dem Zweckartikel (Artikel 2) weder Handlungskompetenzen oder Gesetzgebungsaufträge noch verfassungsmässige Rechte zu entnehmen. Hingegen ist die Zweckbestimmung als rechtlich verbindliche Richtlinie und als Handlungsauftrag für die gesetzgebenden und rechtsanwendenden Behörden zu verstehen. Die Hauptaufgabe des Zweckartikels liegt in der Richtungsweisung für die staatsleitenden Behörden von Bund und Kantonen. So hat sich der Bundesrat beispielsweise bei der Bestimmung der Ziele und Mittel der Regierungspolitik am Staatszweck zu orientieren. Ebenso ist der Zweckartikel Wegweiser für das Bundesgericht in seiner Funktion als oberste rechtsprechende Behörde. Was die Umschreibung der Nachhaltigen Entwicklung in Artikel 2, Absatz 2 anbelangt, erachtete das Parlament gemäss den vorliegenden Materialien die im Bericht der Weltkommission für Umwelt und Entwick-

lung (Brundtland-Kommission) verwendete Definition als Zielvorgabe. Im allgemeinen Zweckartikel wird der Begriff der Nachhaltigkeit also in einem umfassenden, alle drei Dimensionen einschliessenden Sinn verwendet. Der Verfassungsgrundsatz der Nachhaltigkeit, wie er in Artikel 73 verankert ist, verpflichtet Bund und Kantone dazu, danach zu streben, die Beanspruchung der Natur durch den Menschen auf Dauer in ein ausgewogenes Verhältnis, in ein Gleichgewicht zu bringen. Merkmal dieses Gleichgewichtes ist die Orientierung an der Erneuerungsfähigkeit. In Artikel 73 wird also speziell die ökologische Dimension angesprochen und im Vergleich zu Artikel 2 verdeutlicht.
Damit besteht kein Widerspruch zwischen den Verfassungsaussagen zur Nachhaltigen Entwicklung. Für das verfassungsrechtliche Verständnis der Nachhaltigen Entwicklung ist primär von Artikel 2, Absatz 2 auszugehen, in dem alle Dimensionen des Nachhaltigkeitsgrundsatzes angesprochen sind. Artikel 73 konkretisiert eine dieser Dimensionen, weil die Nachhaltigkeit heute neben dem Vorsorge- und Verursacherprinzip als einer von drei tragenden Grundsätzen des Umweltbereichs anerkannt ist.
Insgesamt bestätigt sich damit die in der Strategie Nachhaltige Entwicklung 2002 des Bundesrates vertretene Haltung der «schwachen Nachhaltigkeit plus» (vgl. Unterkapitel 3.6), wonach bei Abwägungsprozessen im Spannungsfeld von Umwelt, Wirtschaft und Gesellschaft sicherzustellen ist, dass diese transparent erfolgen, nicht systematisch zu Lasten der gleichen Nachhaltigkeitsdimension gehen, und dass die Belastbarkeit der Biosphäre respektiert wird. Bei grundsätzlicher Gleichwertigkeit der Nachhaltigkeitsdimensionen wird also der Gesunderhaltung der natürlichen Umwelt ein gewisser Sonderrang zugewiesen.

Eine Fachstelle für die Nachhaltige Entwicklung

In den ersten Jahren ab 1993 rotierte die Federführung für die Nachhaltigkeitsfragen in der Bundesverwaltung in einem jährlichen Turnus zwischen den Bundesämtern des IDANE-Büros, was der Kontinuität nicht dienlich war. Zur Sicherstellung der Kohärenz wies der Bundesrat im Jahr 2000 dem Bundesamt für Raumentwicklung (ARE) eine Koordinationsaufgabe für die Politik der Nachhaltigen Entwicklung zu.
Die Fachstelle für die Nachhaltige Entwicklung verfügt insbesondere über folgende Aufgaben. Zum Aufgabengebiet Bundespolitik zählen alle

Arbeiten im Kontext der Strategie Nachhaltige Entwicklung des Bundesrates, wie Controlling der Umsetzung, Evaluation und periodische Erneuerung. Ferner leitet das ARE den Interdepartementalen Ausschuss Nachhaltige Entwicklung (IDANE), das Koordinationsorgan auf Bundesebene für die Politik der Nachhaltigen Entwicklung.
In der Zusammenarbeit mit Kantonen, Regionen und Gemeinden erfüllt das vom ARE geleitete «Forum Nachhaltige Entwicklung» die Funktion einer Zusammenarbeitsplattform von Bund, Kantonen und Gemeinden in der Politik der Nachhaltigen Entwicklung. Es dient dem gegenseitigen Informationsaustausch und der Vernetzung, gibt Impulse für kantonale und kommunale Nachfolgeaktivitäten zur Strategie Nachhaltige Entwicklung des Bundes und wirkt als Verbindungsstelle zu den Gemeinden. In diesem Kontext ist auch die Unterstützung von «Lokale Agenda 21»-Prozessen anzusiedeln, welche mittels Grundlagen, Beratungen und – in geringem Masse – finanzieller Beiträge wahrgenommen wird (vertiefende Angaben dazu in Unterkapitel 5.6).
Im Aufgabengebiet Nachhaltigkeitsevaluation werden gestützt auf die Methodik der «Nachhaltigkeitsbeurteilung» politische Vorhaben aus der Optik der Nachhaltigen Entwicklung evaluiert und Optimierungsvorschläge unterbreitet. Ferner ist das indikatorengestützte Nachhaltigkeitsmonitoring zu erwähnen. Das ARE ist am nationalen Nachhaltigkeitsmonitoring MONET beteiligt und leitet den «Cercle Indicateurs» als Indikatorenplattform für Kantone und Gemeinden (vertiefende Angaben zur Nachhaltigkeitsevaluation in Unterkapitel 6.2).

Strategie Nachhaltige Entwicklung 2002

Fünf Jahre nach dem Erlass der ersten Nachhaltigkeitsstrategie wurde diese im Hinblick auf den Weltgipfel für Nachhaltige Entwicklung in Johannesburg 2002 erneuert. Während die Strategie 1997 aus einem blossen Aktionsplan bestand, gab die Strategie 2002 mittels sechs so genannter «Leitlinien der Politik der Nachhaltigen Entwicklung» neu auch strategische Vorgaben für die Politik insgesamt:

- «Zukunftsverantwortung wahrnehmen» verlangt, dass die Bedürfnisse der heutigen Generationen nicht auf Kosten der künftigen Generationen befriedigt werden. Damit soll die Brundtland-Definition der Nachhaltigen Entwicklung zu einem allgemeinen Grundsatz der Politik werden.

- «Umwelt, Wirtschaft und Gesellschaft gleichwertig berücksichtigen» bedeutet, dass bei der Ausgestaltung einer Politik darauf zu achten ist, dass allen drei Zieldimensionen der Nachhaltigen Entwicklung Rechnung getragen wird.
- Mit der Leitlinie «Eigenheiten der Dimensionen der Nachhaltigen Entwicklung anerkennen» wird die Problematik der Austauschbarkeit zwischen den drei Zieldimensionen angesprochen. In dieser Leitlinie ist die «schwache Nachhaltigkeit plus» (vgl. Unterkapitel 3.6) verankert.
- «Nachhaltige Entwicklung in alle Politikbereiche einbeziehen» vermittelt den Anspruch des Nachhaltigkeitskonzeptes als «regulative Idee», als übergeordnete Leitidee, die in alle Sachpolitiken auf ganzheitliche Weise einzubeziehen ist.
- «Koordination zwischen den Politikbereichen verbessern und die Kohärenz erhöhen» weist auf die zentrale Herausforderung im Hinblick auf die Umsetzung der Nachhaltigen Entwicklung hin, die in einer verbesserten inhaltlichen Abstimmung der Politikbereiche und einer besseren querschnittsorientierten Zusammenarbeit liegt.
- «Nachhaltige Entwicklung partnerschaftlich realisieren» schliesslich verlangt den Einbezug von Bund, Kantonen, Städten und Gemeinden sowie von weiteren Akteuren aus dem Privatsektor und der Zivilgesellschaft.

Diese strategischen Leitlinien werden ergänzt durch einen Aktionsplan mit zehn Handlungsfeldern und insgesamt 22 Massnahmen, die in der Tabelle 8 aufgeführt sind. Die Kombination von strategischen Leitlinien und Aktionsplan verdeutlicht die Doppelfunktion der Strategie Nachhaltige Entwicklung 2002. Einerseits haben die 22 Massnahmen einen aus Nachhaltigkeitsoptik wichtigen Eigenwert und sollen durch die Umsetzung zu den Nachhaltigkeitszielen direkt beitragen. Andererseits versteht sich die Strategie auch als Prozess, der zu einer allgemeinen Integration des Nachhaltigkeitsgrundsatzes in die Gesamtpolitik beitragen soll. Dafür sollen innerhalb der Sektorpolitiken die Massnahmen der Strategie im Hinblick auf diese Richtungsverschiebung eine «Leuchtturm»-Funktion wahrnehmen. Die Leitlinien werden aber auch über weitere Aktivitäten im IDANE, über Weiterbildungsmassnahmen usw. zu verankern versucht.

Handlungsfeld 1:	**Wirtschaftspolitik und Service public**
Massnahme 1:	WTO und Nachhaltige Entwicklung
Massnahme 2:	Konzept für den Service public im Infrastrukturbereich
Handlungsfeld 2:	**Finanzpolitik**
Massnahme 3:	Fiskalische Anreize zur Ressourcenschonung
Massnahme 4:	Einführung einer Integrierten Produktepolitik
Handlungsfeld 3:	**Bildung, Forschung und Technologie**
Massnahme 5:	Sensibilisierung der Bevölkerung über das Bildungswesen
Massnahme 6:	Förderung der wissenschaftlichen Zusammenarbeit mit Entwicklungs- und Transitionsländern
Handlungsfeld 4:	**Gesellschaftliche Kohäsion**
Massnahme 7:	Abdecken neuer Armutsrisiken
Handlungsfeld 5:	**Gesundheit**
Massnahme 8:	Nationales Programm «Gesundheit, Ernährung, Bewegung»
Handlungsfeld 6:	**Umwelt und natürliche Ressourcen**
Massnahme 9:	Weiterentwicklung der Energie- und Klimapolitik
Massnahme 10:	Förderung von sauberen Fahrzeugen
Massnahme 11:	Anreizstrategie für Natur und Landschaft
Massnahme 12:	Stärkung des internationalen Umweltsystems
Handlungsfeld 7:	**Raum- und Siedlungsentwicklung**
Massnahme 13:	Massnahmenprogramm «Nachhaltige Raumplanung»
Massnahme 14:	Neue Strategie Regionalpolitik
Handlungsfeld 8:	**Mobilität**
Massnahme 15:	Leitbild nachhaltige Mobilität
Massnahme 16:	Stärkung des öffentlichen Verkehrs
Massnahme 17:	Neue Strassenverkehrssicherheitspolitik
Handlungsfeld 9:	**Entwicklungszusammenarbeit und Friedensförderung**
Massnahme 18:	Mitwirkung bei der Formulierung und Umsetzung einer multilateralen Politik der Nachhaltigkeit
Massnahme 19:	Neue Formen der Entwicklungsfinanzierung
Massnahme 20:	Zivile Friedensförderung, Konfliktprävention und Wiederaufbau
Handlungsfeld 10:	**Methoden und Instrumente**
Massnahme 21:	Monitoring Nachhaltige Entwicklung
Massnahme 22:	Nachhaltigkeitsbeurteilung

Tab. 8: Strategie Nachhaltige Entwicklung 2002: Handlungsfelder und Massnahmen

Die Strategie verfügt über einen zeitlichen Geltungsrahmen bis 2007, auf diesen Zeitpunkt hin soll sie erneut revidiert werden. Evaluationen (IDA-Rio 2003, Interface/Evaluanda 2006) ergaben, dass beim Aktionsplanteil viele der 22 Massnahmen in zufriedenstellender Weise implementiert werden. Die seit der Beschlussfassung im Jahr 2002 schwieriger gewordene finanzpolitische Situation führte jedoch in einigen Fällen zu Verzögerungen oder Redimensionierungen. Was die Umsetzung der übergeordneten Leitlinien bzw. die generelle Verankerung des Nachhaltigkeitsprinzips in der Bundespolitik angeht, steht die Nachhaltige Entwicklung im Konkurrenz- und Spannungsverhältnis zu anderen politischen Prozessen, insbesondere zur seit Ende der 1990er Jahren verstärkt verfolgten Politik der Förderung des Wirtschaftswachstums, und hat gegenüber der Zeit unmittelbar nach der Rio-Konferenz an Stellenwert eher eingebüsst. Die Nachhaltige Entwicklung ist in den Gremien und Entscheidungsverfahren des Bundes noch immer relativ schwach verankert und verfügt noch über zu geringe Verbindlichkeit.

5 Wichtige Themen

Die Agenda 21 und der Johannesburg-Umsetzungsplan zeigen auf, in welcher Vielzahl von Themen und Akteurgruppen Fortschritte erzielt werden müssen, wenn wir den Zielen der Nachhaltigen Entwicklung näher kommen wollen. Der beschränkte Umfang, welcher der vorliegenden Publikation gesetzt ist, verunmöglicht es, alle relevanten Aspekte anzusprechen. In diesem Kapitel können lediglich beispielhaft:

- fünf Themen (Unterkapitel 5.1 bis 5.5) und
- zwei Akteurgruppen (Unterkapitel 5.6 bis 5.7)

aufgegriffen werden, die sowohl in den Schlussdokumenten von Rio und Johannesburg als auch in der schweizerischen Nachhaltigkeitsdiskussion hohen Stellenwert geniessen. Die Kapitel sollen nicht zuletzt auch exemplarisch zeigen, welche Fragen sich an Politikbereiche und Akteurgruppen vor dem Hintergrund der Nachhaltigkeitsherausforderungen stellen. Sie sind in erster Linie in einer schweizerischen Perspektive verfasst.

5.1 Energie und Klima

Energie und Klima sind Schlüsselthemen im Nachhaltigkeitsdiskurs. Dies ist allein schon dadurch belegt, dass die Klimarahmenkonvention ein Hauptergebnis der Rio-Konferenz darstellt. Im zweiten, der Erhaltung und der Bewirtschaftung der natürlichen Ressourcen gewidmeten Teil der Agenda 21 steht der Schutz der Erdatmosphäre mit Kapitel 9 an erster Stelle der behandelten Themenfelder. Die Energie stand auch im Zentrum der Wachstumsdebatte der 1970er Jahre. Sie ist eine Schlüsseldeterminante der wirtschaftlichen Entwicklung, ihre Verfügbarkeit ist unverzichtbar für das Funktionieren der arbeitsteiligen Wirtschaft. Die Entwicklung des Bruttoinlandproduktes war bisher auch einer der wichtigsten Bestimmungsfaktoren des Energieverbrauchs. Beide Grössen entwickelten sich bisher mehr oder weniger im Gleichschritt.

Herausforderungen

Der weltweite Primärenergiebedarf wird heute zu etwa 80% aus nicht erneuerbaren Energieträgern gedeckt. Dies entspricht auch der Situation in der Schweiz. Der schweizerische Primärenergiebedarf verteilte sich in 2004 auf 45,9% Erdöl, 23,6% Kernbrennstoffe (zur Herstellung von

Atomstrom), 13,5% Rohwasserkraft (zur Herstellung von Hydroenergie), 9,7% Erdgas und 7,3% übrige Energieträger (darunter Holz). Davon sind lediglich ca. 18% erneuerbar (vor allem Rohwasserkraft und Holz).

Im Fokus der internationalen Nachhaltigkeitsdebatte stehen die Folgen des Verbrauchs fossiler Energieträger, weil seit den 1990er Jahren wissenschaftlich weitgehend unbestritten ist, dass die CO_2- und anderen Treibhausgasemissionen ursächlich für die Klimaerwärmung verantwortlich sind. Deren Gefahrenpotenzial, etwa im Zusammenhang mit einem Meeresspiegelanstieg, der Verschiebung von Niederschlagszonen und Landwirtschaftsgebieten, möglichen Kippeffekten bei Meeresströmungen usw. ist immens. Um an die Diskussion über die starke und schwache Nachhaltigkeit in Unterkapitel 3.2 zu erinnern, stellt die durch den Menschen verursachte Klimaerwärmung eine Gefährdung der natürlichen Lebensgrundlagen («Life Support Services») dar, die entschiedenes Handeln erfordert. Die zweifellos beträchtlichen Kosten eines wirksamen Kampfes gegen die Klimaerwärmung sind mit den potenziell gewaltigen, vor allem auch die Ärmsten treffenden Schadenskosten in Relation zu setzen (IPCC 2001, Flannery 2005). In Kapitel 1 wurde bereits auf die notwendigen Emissionsreduktionen in hoch entwickelten Industriestaaten um bis zu 80% bis 2050 verwiesen. Konzepte wie Faktor 4 oder die 2000 Watt-Gesellschaft zielen in eine ähnliche Richtung (Brouns / Ott 2005).

Seit den 1990er Jahren, in denen sich die klimawissenschaftlichen Erkenntnisse über die Klimaveränderungen verdichteten, ist die Notwendigkeit von Verbrauchsreduktionen bei fossilen Energieträgern vor allem emissionsseitig begründet worden. Die Energieverfügbarkeit als Schlüsselgrösse für die Nachhaltige Entwicklung ist seit den «Grenzen des Wachstums» in den Hintergrund gerückt, nicht zuletzt dank den bis Ende der 1990er Jahre real sinkenden Energiepreisen. Was die Energieverfügbarkeit betrifft, herrschte eine marktwirtschafts- und technologieoptimistische Grundstimmung (siehe Unterkapitel 3.3). Interessanterweise gewinnt die Versorgungsfrage aber seit einigen Jahren wieder erhöhte Aufmerksamkeit. Eine Gruppe von unabhängigen Erdölgeologen postuliert, dass der Zenit der globalen Erdölförderung («Peak Oil») um ca. 2010 erreicht sein könnte und danach abflache (Heinberg 2003, McKillop / Newman 2005). Sie berufen sich auf eine von M. King Hubbert aufge-

stellte Theorie über einen glockenförmigen Verlauf der Produktion aus Erdöllagerstätten («Hubbert Curve»). Nach Beginn der Inbetriebnahme würde die Produktion über mehrere Jahre ansteigen und nach etwa der Hälfte der Erdölentnahme wieder abflachen. Nach dieser Theorie zeigen nicht nur einzelne Erdölfelder, sondern auch ganze Förderprovinzen und letztlich die globale Erdölproduktion diesen Verlauf. Hubbert konnte durch zeitliche Rekonstruktion der Erdölfunde in den USA, welche in den 1930er Jahren den Höhepunkt erreichten, lange vor dem Eintreten mit grosser Präzision die Erreichung des Erdölfördermaximums der USA um 1970 voraussagen. Daran änderten auch die späteren Entdeckungen in Alaska und im Golf von Mexiko nichts Grundsätzliches.
Der glockenförmige Verlauf der Erdölförderung ist mittlerweile nicht nur für die USA, sondern auch für viele weitere Erdölprovinzen belegt, darunter auch die für Europa wichtige Nordsee. Die Vertreter des «Peak Oil» übertragen ihre These auf die globale Erdölförderung. Sie stützen sich auf weltweite Daten über die Erdölfunde in der Vergangenheit, die um 1960 ihren Höhepunkt erreicht haben und seit 1980 geringer als die jährlichen Verbrauchsmengen ausfallen sollen. Sie gehen überdies von der Annahme aus, dass nach Jahrzehnten der Erdölprospektion mit laufend besserer Technologie die Wahrscheinlichkeit immer geringer werde, dass noch neue grosse Lagerstätten zu entdecken seien. So vermuten sie, dass das globale Erdölfördermaximum um 2010 herum erreicht werden könnte. Ob der Glockenverlauf weltweit in dieser Form und wann der «Peak Oil» eintreten würde, ist allerdings umstritten, da die Daten über Erdölreserven und den Stand der Erdölprospektion ausserhalb der westlichen Industriestaaten mit grossen Unsicherheiten behaftet sind.
Unter der Annahme, der globale «Peak Oil» trete tatsächlich um 2010 ein, fragt sich, welche Bedeutung diesem Phänomen zukommen würde, insbesondere ob damit tatsächlich eine grundsätzliche Abkehr von der Verfügbarkeit billiger Energie einträte, ob durch Preissteigerungen ausgelöste Nachfrageanpassungen und Effizienzerhöhungen die Folgen ausgleichen und ob andere Energieträger wie Erdgas, unkonventionelles Öl aus Ölsand und –schiefer oder Kohle das herkömmliche Erdöl ablösen könnten. Dass der Preismechanismus eine wichtige Rolle beim Anpassungsprozess spielen kann, ist unbestritten. Allerdings ist zu bedenken, dass gerade im energetisch wichtigen Infrastruktur- und Baubereich lang-

fristige, teilweise Jahrzehnte dauernde Investitions- und Erneuerungszyklen bestehen und schockartige Energiepreisanstiege zu einer grossen Belastung werden könnten. Ebenso klar ist aber, dass die Ersatzressourcen entweder über kurz oder lang auch knapp werden können (Erdgas, Kernbrennstoffe), wesentlich teurer sind (unkonventionelles Öl) oder andere Nachteile aufweisen (hohe lokale Umweltbelastungen, schlechtes Energieeinsatz- / -ausbeuteverhältnis, Verschärfung der CO_2-Problematik im Fall von Kohle und unkonventionellem Öl). Ferner ist auf die internationale Sicherheitsproblematik zu verweisen, liegen doch viele der verbleibenden Reserven in unsicheren Weltgegenden.
Unabhängig davon, wie man die Versorgungsproblematik einschätzt, ergeben sich jedoch von der Emissionsseite her betrachtet (CO_2-Problematik) anspruchsvolle Herausforderungen für die Energiepolitik. Der aktuelle internationale klimapolitische Rahmen wird durch das Kyoto-Protokoll, das 1997 beschlossene Zusatzprotokoll zur Klimarahmenkonvention der Vereinten Nationen, gesetzt. Es schreibt verbindliche Ziele für die Verringerung des Ausstosses von Treibhausgasen fest. Die Vertragsstaaten haben das Ziel, ihre Emissionen bis 2012 um durchschnittlich 5,2% unter das Niveau von 1990 zu senken. Die einzelnen Länder haben dabei unterschiedliche Vorgaben, die vor allem von ihrer wirtschaftlichen Entwicklung abhängen. Das Protokoll konnte 2005 in Kraft treten, nachdem, wie vom Protokoll gefordert, mindestens 55 Staaten, die zusammengerechnet mehr als 55% der CO_2-Emissionen des Jahres 1990 verursachten, das Abkommen ratifiziert haben. Reduktionsverpflichtungen sind 35 Industriestaaten (die so genannten «Annex I-Länder») eingegangen, nicht aber die Entwicklungsländer. Einige grosse CO_2-Emittenten aus dem Kreis der Industrieländer, namentlich die USA und Australien, haben das Protokoll zwar unterzeichnet, bislang aber nicht ratifiziert.
Das Kyoto-Protokoll sieht auch so genannte flexible Mechanismen vor, die es den Staaten ermöglichen, ergänzend zu innerstaatlichen Massnahmen einen Teil ihrer Verpflichtungen zur Reduktion von Treibhausgasemissionen über folgende Möglichkeiten ausserhalb des eigenen Landes zu realisieren:

- *Joint Implementation:* Die Treibhausgasreduktion wird in projektbezogenen Kooperationen mit andern Industriestaaten erreicht.

- *Clean Development Mechansim (CDM):* Industriestaaten erwerben durch Klimaschutzprojekte in Entwicklungsländern national anrechenbare Reduktionszertifikate.
- *Handel von Emissionsrechten (Emission Trading)*: Länder, die ihre Emissionsquoten überschreiten, können von Ländern, die ihre Quoten nicht ausschöpfen, Emissionsrechte erwerben.

Der Einsatz von flexiblen Mechanismen hilft, die Kosten des Klimaschutzes tief zu halten, weil die Investitionen gezielt dorthin gelenkt werden können, wo für das eingesetzte Geld der höchste Gegenwert in Form von Emissionsreduktionen erzielt werden kann. Wenn Finanz- und Technologietransfer überdies positive Entwicklungsbeiträge in den Ländern des Südens leisten, ist dies auch aus entwicklungspolitischer Sicht zu begrüssen. Die flexiblen Mechanismen sind aber auch der Kritik ausgesetzt, dass Hochkonsumländer die aus globalen Gerechtigkeitsüberlegungen letztlich unvermeidliche Verminderung des Verbrauchs fossiler Energieträger umgehen könnten.

So anspruchsvoll die Inkraftsetzung des Kyoto-Protokolls war, stellt es lediglich eine erste Etappe auf dem notwendigen Reduktionspfad dar. Die internationalen Verhandlungen über die Zeit nach 2012 sind im Gange, ohne dass zur Zeit der Abfassung dieses Buches schon Aussagen über die künftige Ausrichtung gemacht werden können. Die längerfristigen energiepolitischen Herausforderungen fasste die Schweizerische Akademie der Technischen Wissenschaften (SATW 2004) in zehn Thesen übersichtlich zusammen (siehe Tabelle 9). Sie unterstreicht insbesondere, dass ein Energiesystem nur dann als nachhaltig bezeichnet werden kann, wenn es die Bedürfnisse von Wirtschaft und Gesellschaft durch Effizienzsteigerung mit sehr stark reduziertem Energieeinsatz befriedigt und weitest möglich erneuerbare Quellen nutzt.

1. Wirtschaft und Gesellschaft sind auf eine sichere und ökonomisch tragbare Energieversorgung angewiesen.
2. Das heutige Energiesystem ist nicht nachhaltig. Es beruht weitgehend auf nicht erneuerbaren Ressourcen, belastet die Umwelt, beeinträchtigt das Klima und überlässt die Probleme unseren Nachkommen.
3. Die Schaffung eines nachhaltigen Energiesystems ist nicht nur eine wissenschaftlich-technische, sondern auch eine gesellschaftliche, politische und ökonomische Aufgabe.
4. Nachhaltig kann nur ein Energiesystem sein, das die Bedürfnisse von Wirtschaft und Gesellschaft dank rationellerer Energienutzung mit sehr stark reduziertem Ressourceneinsatz abdeckt und soweit möglich erneuerbare Quellen nutzt.
5. Der Umbau des Energiesystems hin zur Nachhaltigkeit ist eine der grössten Herausforderungen der kommenden Jahrzehnte und ohne Verzug in Angriff zu nehmen.
6. Es ist eine Strategie für eine langfristige, nachhaltige Energieversorgung und -nutzung in der Schweiz zu erarbeiten. Notwendig sind Technologieförderung, Vorschriften und Anreize von Seiten von Bund und Kantonen, marktwirtschaftliche Massnahmen, aber auch ein zu Verhaltensänderungen führender Lernprozess.
7. Ein nachhaltiges Energiesystem ist grundsätzlich möglich. Es ist teurer als die heutige Energiegewinnung, aber wesentlich billiger als ein verspätetes Umsteigen unter akutem Zwang.
8. Die Energieforschung darf sich nicht auf die wissenschaftlich-technische Seite beschränken, sondern muss auch sozialwissenschaftliche Aspekte einbeziehen.
9. Der Bevölkerung ist die Notwendigkeit eines nachhaltigen Energiesystems klar zu machen; dazu ist Überzeugungsarbeit notwendig, an der sich auch die wissenschaftlichen Akademien beteiligen müssen.
10. Die Akademien sollen sich dafür einsetzen, dass die Wissenschaft Problemstellungen wie die Etablierung eines nachhaltigen Energiesystems disziplinenübergreifend bearbeitet und auch wissenschaftsexterne Fragen einbezieht.

Tab. 9: Thesen der Schweizerischen Akademie der Technischen Wissenschaften zur nachhaltigen Energieversorgung (SATW 2004)

Integration der Nachhaltigen Entwicklung in die schweizerische Energiepolitik

Seit den 1970er Jahren finden Auseinandersetzungen über eine nachhaltigere Ausrichtung der schweizerischen Energiepolitik statt. In Unterkapitel 4.3 wurde bereits die Gesamtenergiekonzeption (GEK) von 1978 mit den Zielsetzungen Energiesparen und Substitution fossiler Energieträger durch einheimische und erneuerbare Energieträger angesprochen. In einer Volksabstimmung wurde im Jahr 1990 der Energieartikel (Artikel 89) in die Bundesverfassung aufgenommen, der von Bund und Kantonen verlangt, dass sie sich für eine ausreichende, breit gefächerte, sichere,

wirtschaftliche und umweltverträgliche Energieversorgung sowie für einen sparsamen und rationellen Energieverbrauch einsetzen.
Der Verfassungsauftrag des Energieartikels fand im Energienutzungsbeschluss von 1990 eine erste Konkretisierung. Im Jahr 1991 lancierte der Bundesrat das Aktionsprogramm «Energie 2000» mit quantitativen Zielsetzungen bezüglich Energieverbrauchsentwicklung und Einsatz erneuerbarer Energien, die bis ins Jahr 2000 erreicht werden sollten. Der Energienutzungsbeschluss wurde 1999 durch das Energiegesetz abgelöst und damit in eine definitive Regelung überführt. «Energie 2000» wurde im Jahr 2000 durch das Programm «EnergieSchweiz» mit Laufzeit bis 2010 ersetzt.
Im Jahr 1999 wurde das CO_2-Gesetz beschlossen. Dieses fordert in Artikel 2 (Reduktionsziel), dass die CO_2-Emissionen aus der energetischen Nutzung fossiler Energieträger bis zum Jahr 2010 gegenüber 1990 gesamthaft um 10% zu vermindern sind. Die Emissionen aus der energetischen Nutzung fossiler Brennstoffe sind um 15% und diejenigen aus fossilen Treibstoffen (ohne Flugtreibstoffe für internationale Flüge) um 8% zu vermindern. Parallel ratifizierte die Schweiz auch das Kyoto-Zusatzprotokoll der Klimarahmenkonvention, das der Schweiz ähnliche, aber leicht abweichende Reduktionsverpflichtungen auferlegt. Gemäss Kyoto-Protokoll muss die Schweiz die Emissionen der sechs Treibhausgase Kohlendioxid (CO_2), Methan (CH_4), Lachgas (N_2O), Fluorkohlenwasserstoffe (HFCs), perfluorierte Kohlenwasserstoffe (PFCs) und Schwefelhexafluorid (SF_6) bis 2010 gegenüber dem Stand von 1990 um 8% senken (siehe Abb. 8). Massgebend für die Erreichung dieses Ziels ist der Durchschnitt der Jahre 2008 bis 2012.

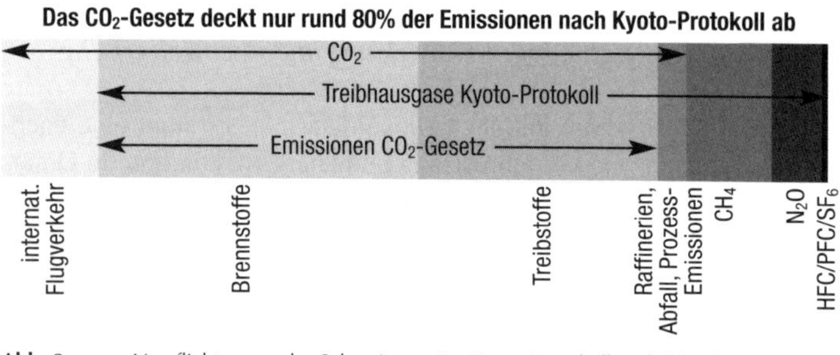

Abb. 8: Verpflichtungen der Schweiz gemäss Kyoto-Protokoll und CO_2-Gesetz (Bundesamt für Umwelt)

Gemäss Energie- und CO_2-Gesetz soll das Programm «EnergieSchweiz» vor allem freiwillige Massnahmen aufgrund von Leistungsaufträgen und Zielvereinbarungen mit Agenturen initiieren und umsetzen. Dabei soll das Programm eine enge Zusammenarbeit mit den Kantonen, Gemeinden und der Wirtschaft pflegen. Das Programm verfolgt fünf Schwerpunkte:

- Gebäudemodernisierung,
- erneuerbare Energien,
- energieeffiziente Geräte und Motoren,
- rationelle Energie- und Abwärmenutzung in der Wirtschaft,
- energieeffiziente und emissionsarme Mobilität.

Für den Fall, dass die freiwilligen Massnahmen die Ziele nicht erreichen, sieht das CO_2-Gesetz subsidiär den Einsatz einer CO_2-Lenkungsabgabe vor. In der Tat hat sich rasch herausgestellt, dass das Programm «EnergieSchweiz» mit seinen freiwilligen Massnahmen zwar wichtige Energiesparbeiträge leistet, aber die Ziele des CO_2-Gesetzes alleine nicht erreicht. Eine Lenkungsabgabe, d.h. ein Zuschlag auf fossile Energieträger mit Energiesparanreizen für alle Akteure, die jedoch staatsquotenneutral an alle Einwohner des Landes rückerstattet würde, wäre eine Voraussetzung für die Zielerreichung. Im Parlament und aus Kreisen der Privatwirtschaft ist jedoch sowohl einer CO_2-Lenkungsabgabe auf Treibstoffen als auch auf Heizöl Widerstand erwachsen, so dass zur Zeit der Abfassung dieses Buches deren Einführung nicht gesichert ist.

Die Gegner einer über Handlungsanreize wirkenden Lenkungsabgabe konnten im politischen Prozess bei den Treibstoffen einem «Klimarappen» zum Durchbruch verhelfen. Dieser stellt eine private, von der Erdölbranche erhobene Abgabe dar. Er vermittelt wegen der kaum merklichen Höhe von 1,5 Rappen pro Liter keine Lenkungsanreize. Sein Ertrag wird zum Teil für Energiesparmassnahmen im Inland verwendet, zum Teil aber auch für den Kauf von Emissionsgutschriften im Ausland. Damit sollen die durch Kyoto-Protokoll und CO_2-Gesetz (Artikel 2, Absatz 7) gegebenen Möglichkeiten zum Einsatz von flexiblen Umsetzungsmechanismen ausgenützt werden. Der Klimarappen steht damit in der Kritik, das Gebot der Verminderung des Verbrauchs nicht erneuerbarer Ressourcen im Hochkonsumland Schweiz zu unterlaufen. Auch verzichte die Schweiz dadurch auf anderweitigen Nutzen der Verbrauchsreduktion im Inland, z.B. in den Bereichen Gesundheit und Gebäudeschäden.

Die Schweiz ist in Bezug auf die gesetzlich festgelegten Ziele auf dem Weg zu einer nachhaltigen Energiepolitik. Dies reflektiert sich auch in der «Strategie Nachhaltige Entwicklung 2002» des Bundesrates, die in Massnahme 9 (Weiterentwicklung der Energie- und Klimapolitik) neben einer wirkungsvollen Umsetzung des Programms «EnergieSchweiz» und des CO_2-Gesetzes namentlich auch die Erarbeitung von CO_2-Reduktionszielen für die Zeit nach 2010 gemäss der Zielvorstellung der 2000 Watt-Gesellschaft vorsieht. Immer wieder erwachsen der Umsetzung dieser Ziele jedoch Widerstände, so dass deren Erreichung nicht gesichert ist.

5.2 Raumentwicklung

Schon die Stockholmer Erklärung von 1972 rief in Grundsatz 15 die Staaten dazu auf, «eine Raumplanung für die menschlichen Siedlungen und die Urbanisierung zu schaffen, um nachteilige Wirkungen auf die Umwelt und maximalen sozialen, wirtschaftlichen und ökologischen Nutzen für alle zu schaffen». Die Agenda 21 von Rio thematisiert im ersten, den wirtschaftlichen und sozialen Dimensionen gewidmeten Teil die nachhaltige Siedlungsentwicklung in Kapitel 7 sowie im zweiten, von den Naturressourcen handelnden Teil die Bodenressourcen in Kapitel 10 an zweiter Stelle unmittelbar nach dem Schutz der Erdatmosphäre. Im Johannesburg-Umsetzungsplan wird die Raumentwicklung als Querschnittsthematik in verschiedenen Kapiteln angesprochen.

Herausforderungen

Räumliche Prozesse sind für die Nachhaltige Entwicklung angesichts ihrer quantitativen Grössenordnungen, und weil sich in der Raumordnung die drei Nachhaltigkeitsdimensionen Wirtschaft, Gesellschaft und Umwelt verschränken, von grosser Relevanz. In der Schweiz sind schon seit mehreren Jahrzehnten Entwicklungstrends zu verfolgen, die aus einer Nachhaltigkeitsperspektive problematisch sind. Sie können unter dem Leitbegriff der Metropolisierung zusammengefasst werden. Die Bedeutung der Städte und Agglomerationen als Wirtschafts- und Innovationsmotoren, aber auch der damit verbundene soziale Problemdruck steigen an. Gleichzeitig nimmt die besiedelte Fläche prozentual stärker zu als die Bevölkerung. Dies äussert sich in einem Wachstum der Siedlungsgebiete und einer fortschreitenden Zersiedelung der Landschaft und erschwert

eine ressourcenschonende Organisation des Verkehrs sowie die Erhaltung und Weiterentwicklung urbaner Qualität.
Dieser räumliche Strukturwandel lässt grossflächige Metropolitanräume aus eng miteinander verflochtenen Agglomerationen entstehen und führt zu einer Konzentration des wirtschaftlichen Geschehens auf wenige Grossagglomerationen. Die Agglomerationen überschreiten immer mehr auch die Kantons- und Landesgrenzen (Grossagglomerationen um Zürich, Genf, Basel, Bodensee, Tessin/Lombardei). Allmählich zeichnet sich ab, dass zwei bis drei Metropolitanräume (Zürich, Basel, Genf-Lausanne) die wirtschaftliche Entwicklung in der Schweiz bestimmen.
Die Metropolisierung beeinflusst auch den Flächen- und Landschaftsverbrauch. Der Strukturwandel in der Wirtschaft und die weitere Zunahme des Dienstleistungssektors tragen in Einzelbereichen zu gewissen Entlastungen bei, denn Arbeitsplätze im Dienstleistungssektor benötigen im Durchschnitt weniger Fläche als in der Industrie. Andererseits führen die fortlaufende Suburbanisierung, die steigende Zahl der Haushalte und die Bedürfnisse der Freizeitgesellschaft zu einer weiter steigenden Flächennachfrage. Die Ergebnisse der schweizerischen Arealstatistik 1992/1997 – neuere Daten liegen noch nicht vor – zeigen, dass der Nettoflächenverbrauch ungebrochen ist. Gegenüber der Arealstatistik 1979/1985 nahm die Siedlungsfläche in der Schweiz um 13,3% zu, während in der gleichen Zeitperiode die Bevölkerung um 8,8% anstieg. Die landwirtschaftliche Nutzfläche nahm in der gleichen Periode um 3,1% ab, in erster Linie wegen des Flächenverbrauchs für Siedlungszwecke, allerdings auch wegen der Zunahme der Waldflächen in den Berggebieten (Abb. 9).

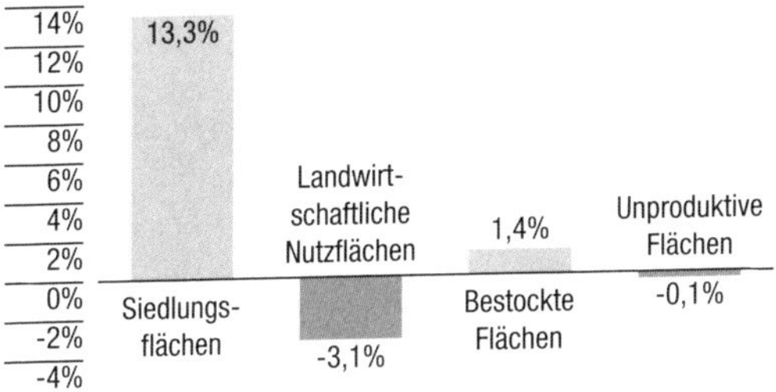

Abb. 9: Entwicklung der Hauptbereiche der Bodennutzung 1979/85 bis 1992/97 (Bundesamt für Statistik, Daten Arealstatistik)

Die disperse Siedlungsentwicklung ist nicht allein ein umweltpolitisches, sondern ebenso sehr ein wirtschaftliches Problem. Denn die damit verbundenen hohen Pro-Kopf-Infrastrukturkosten sind eine wirtschaftliche Belastung für den Standort Schweiz, die mit einer konzentrierteren Besiedlung vermindert werden könnte (Ecoplan 2000). Die auch mittelfristig weiterhin bestehende Dominanz des motorisierten Individualverkehrs wird den Druck zur weiteren Zersiedelung der Landschaft mit all ihren unerwünschten Nebenerscheinungen aufrechterhalten.
Die Raum- und Siedlungsentwicklung wird in Öffentlichkeit und Politik meist als nationale Thematik wahrgenommen. Da ähnliche Entwicklungen wie in der Schweiz weltweit festzustellen sind, liegt jedoch eine globale Dimension vor. Die Weltbevölkerung wird bis zur Mitte dieses Jahrhunderts auf neun bis zehn Milliarden Menschen anwachsen. Die Bodenerosion schreitet in vielen Weltgegenden voran. Wasservorkommen, die heute für die landwirtschaftliche Produktion eingesetzt werden, werden vielfach nicht nachhaltig bewirtschaftet. Es gibt Anzeichen einer Verknappung fossiler Energieträger, was auch die Nahrungsmittelproduktion trifft, weil die moderne Landwirtschaft ein Vielfaches an fossiler Energie verwendet, wie in Form von Nahrungsmittelkalorien gewonnen wird (McCluney 2005). Bisher konnten die degradierenden Trends durch steigenden Energieeinsatz und den technologischen Fortschritt (z.B. Grüne Revolution) wettgemacht werden. Offen ist, ob dies auch in den kommenden Jahrzehnten der Fall sein wird. Eine sorgfältige Abwägung von Risiken und Unsicherheiten legt eine Strategie nahe, die – landesinterne und internationale Begründungen verbindend – den Bodenschutz und die Raumplanung auch in Ländern wie der Schweiz wieder höher gewichtet.

Integration der Nachhaltigen Entwicklung in die schweizerische Raumentwicklungspolitik

Die Raumplanung versteht sich gerne als Vorreiterin der Nachhaltigen Entwicklung in der Schweiz. Schon vor dem Aufschwung des Nachhaltigkeitsbegriffs nach der Rio-Konferenz erhielt die schweizerische Raumplanung mit dem Verfassungsartikel von 1969 und mit dem Bundesgesetz über die Raumplanung von 1979 den Auftrag der haushälterischen Bodennutzung und der Koordinierung wirtschaftlicher, ökologischer und sozialer Anliegen im Raum. Das Raumplanungsgesetz enthält zu jeder Dimension der Nachhaltigen Entwicklung Ziele und Grundsätze:

- *Ökologische Dimension:* Natürliche Lebensgrundlagen erhalten, naturnahe Landschaft, See- und Flussufer erhalten, Zersiedlung eingrenzen, Wohngebiete von lästigen und schädlichen Einwirkungen verschonen, Waldfunktionen erhalten.
- *Wirtschaftliche Dimension:* Räumliche Voraussetzungen für die Wirtschaft schaffen, Effizienz durch Koordination (Optimierung), Erschliessung, sachgerechte Standorte, Wohn- und Arbeitsorte einander zweckmässig zuordnen, regionaler Ausgleich durch angemessene Dezentralisation.
- *Soziale Dimension:* Bedürfnisse der Bevölkerung einbeziehen, wohnliche Siedlungen schaffen, Erholungsräume erhalten, geeignete Standorte für öffentliche Einrichtungen festlegen, Bevölkerung bei der Planung mitwirken lassen, regionaler Ausgleich.

Insbesondere der Bodenschutz nahm dabei eine besondere Stellung ein, indem die Raumplanung seit jeher bemüht ist, den Bodenverbrauch zu vermindern, die Siedlungsentwicklung zu konzentrieren und «nach innen», d.h. in die weitgehend überbauten Gebiete, zu lenken. Die «Strategie Nachhaltige Entwicklung 2002» des Bundesrates führt die Raum- und Siedlungsentwicklung als eines von zehn Handlungsfeldern auf, womit die Relevanz der Raumordnungspolitik für die Nachhaltige Entwicklung unterstrichen wird. In der Massnahme 13 (Massnahmenprogramm nachhaltige Raumplanung) formulierte der Bundesrat für den Leitindikator Flächenverbrauch die Zielvorstellung, die Siedlungsfläche pro Kopf auf dem Stand von rund 400 m^2 zu stabilisieren. Allerdings unterliess es die Regierung, in der Nachhaltigkeitsstrategie präzis zu definieren, was genau sie unter einer nachhaltigen Raumentwicklung versteht. Sie verweist vielmehr auf den im Raumplanungsgesetz verankerten Abstimmungsauftrag der Raumordnungspolitik bezüglich wirtschaftlichen, ökologischen und sozialen Ansprüchen an den Raum sowie auf den Bericht «Grundzüge der Raumordnung Schweiz» (Schweizerischer Bundesrat 1996). Dieser beinhaltete erstmals in der Schweiz eine politisch getragene raumordnungspolitische Zielvorstellung samt Handlungsrahmen. Die «Grundzüge» sind explizit dem Nachhaltigkeitsgedanken verpflichtet. Ihre Leitidee bildet das vernetzte System von städtischen und ländlichen Räumen, eine Weiterentwicklung des bis anhin verfolgten Konzeptes der

«dezentralen Konzentration» (dezentrales Siedlungssystem mit jeweils konzentrierten, wenig zersiedelten Knoten). Die Forschung (vgl. z.B. Thierstein / Lambrecht 1997, Infras u.a. 2001) belegt, dass eine solche Strategie wichtigen Nachhaltigkeitskriterien entspricht. Denn durch eine hervorragende Vernetzung des ganzen Landes können die wirtschaftlichen Potenziale der verschiedenen Teilräume vermehrt gebündelt, Synergien nutzbar gemacht und das Land insgesamt gestärkt werden. Gleichzeitig kann die für das mehrsprachige und föderalistische Land wichtige dezentrale Siedlungsstruktur gestützt und der Landschaftsraum entlastet werden.
Gemäss schweizerischem Raumplanungsrecht liegt die Hauptkompetenz für die Raumplanung bei den Kantonen bzw. deren Instrument des kantonalen Richtplanes. Sie haben eine umfassende Gebietsplanungskompetenz. Der Bund hat lediglich in einzelnen Rechtsgebieten, wie z.B. betreffend Eisenbahnen oder Nationalstrassen, eine Planungskompetenz und kann Sachpläne erstellen. Überdies hat er eine die Kantone koordinierende Aufgabe. Während der kantonale Richtplan ein behördenverbindliches Planungsinstrument darstellt, schliesst auf Gemeindestufe der grundeigentümerverbindliche, parzellenscharfe Nutzungsplan an.
Wie die weiter oben beschriebenen, wenig nachhaltigen Raumentwicklungstrends jedoch zeigen, weist das schweizerische Instrumentarium und Recht der Raumplanung Defizite auf (ARE 2005a):

- Das raumplanerische Instrumentarium mit der Sach-, Richt-, Nutzungsplanung, mit der Trennung Baugebiet / Nichtbaugebiet und der Koordination von Raumansprüchen ist nur planerisch-rechtlicher Natur.
- Es mangelt ihm an Anreizinstrumenten, die über wirtschaftliche oder finanzielle Anreize auf Akteure motivierend wirken würden.
- Das Raumplanungsrecht weist in sich Defizite aus Nachhaltigkeitssicht auf, indem es keine feste Siedlungsgrenze setzt, sondern mit einem 15-Jahre-Bedarfskriterium für Baulandausweisungen die weitere Ausdehnung der Baugebiete zulässt.
- Dabei sind als Erbe aus der Zeit vor der Bundesraumplanung die Bauzonen immer noch zu gross und konnten bisher nicht auf ein rechtskonformes Mass reduziert werden. Dies fördert eine wenig konzentrierte Bauweise innerhalb der Bauzonen.

- Es bestehen keine griffigen Instrumente für Siedlungsbegrenzung und –verdichtung. Der Trennungsgrundsatz Siedlungs- / Nichtsiedlungsgebiet lässt sich seit Jahren mangelhaft vollziehen und ist überdies mittlerweile aufgeweicht worden.
- Die Raumplanung ist föderalistisch zersplittert, die kantonale und kommunale Kompetenzzuweisung erschwert eine zweckmässige Planung in Funktionalräumen.
- Die Raumplanungspolitik ist im Vergleich zu den übrigen Sachpolitiken institutionell schwach und verfügt über geringe Ressourcen und Kompetenzen.

Im Raumentwicklungsbericht 2005 (ARE 2005a) wurden daher, gestützt auf den Auftrag der Regierung in Massnahme 13 der «Strategie Nachhaltige Entwicklung 2002», zahlreiche Reformvorschläge entwickelt, wie z.B.:

- Förderung oder Schaffung finanzieller Anreize wie Abschöpfung von durch Planungen geschaffenen Mehrwerten, marktwirtschaftliche Instrumente (z.B. Flächennutzungszertifikate) oder finanzielle Sanktionen bei Nichteinhaltung von Verpflichtungen.
- Überprüfung der Raumplanungsinstrumente, insbesondere höhere Anforderungen an die kantonalen Richtpläne hinsichtlich Siedlungsentwicklung, Kontingentierung von Bauzonen oder Siedlungsflächen, Überprüfung und Redimensionierung von Bauzonen.
- Bessere Abstimmung von Siedlungsentwicklung und Verkehr, z.B. durch neue Erschliessungsbestimmungen und höhere Anforderungen an Siedlungsgebiete, die den Anschluss an den öffentlichen Verkehr als Bedingung voraussetzen.
- Förderung einer Siedlungsentwicklung nach innen z.B. durch Einführung von Bestimmungen über Mindestausnützung.

Diese Grundlagenarbeiten und Handlungsvorschläge des Raumentwicklungsberichtes 2005 sollen in eine Revision des schweizerischen Raumplanungsrechts einfliessen. Zur Zeit der Abfassung des vorliegenden Buches ist der Ausgang der politischen Debatte offen.

5.3 Landwirtschaft

Landwirtschaft und ländliche Entwicklung sind Gegenstand von Kapitel 14 der Agenda 21 und stellen ebenfalls ein prioritäres Nachhaltigkeitsthema dar, hängt davon doch direkt das Überleben hunderter Millionen

Menschen in den ländlichen Räumen und indirekt über die Nahrungsmittelbereitstellung das Wohlergehen der gesamten, rasch wachsenden Weltbevölkerung ab. Über die beanspruchten Flächen und die Produktionspraktiken gestaltet die Landwirtschaft auch massgeblich die ökologische Entwicklung in den Bereichen Boden, Natur und genetische Vielfalt mit. Im Johannesburg-Umsetzungsplan ist die Landwirtschaft sowohl im Kapitel I zur Armutsbekämpfung wie auch im Kapitel IV zum Schutz und Erhalt der natürlichen Ressourcengrundlagen verankert.

Herausforderungen

Weltweit steht die Landwirtschaft vor der Herausforderung, die Produktivität so zu stärken, dass die Nahrungsmittelproduktion mit der Entwicklung der Weltbevölkerung mithalten kann. Um dieses Ziel dauerhaft zu verfolgen, dürfen die natürlichen Grundlagen nicht gefährdet werden. Dabei stellen sich der Landwirtschaft heute eine Reihe von Risiken, wie z.B. Bodendegradation, Beeinträchtigung der Produktion durch Konfliktrisiken und kriegerische Auseinandesetzungen, Verstädterung (Bodenverluste, Störungen des Nährstoffkreislaufs), globale Erwärmung (veränderte Wasserverfügbarkeit, Verschiebung von Niederschlagszonen), Reduktion der landwirtschaftlichen genetischen Vielfalt, oder sozioökonomische und technologische Hemmnisse, wie z.B. mangelnde Erschliessung der Absatzmärkte für ländliche Produzenten (Beese 2004). Bislang konnten diese Risikofaktoren über die Ausdehnung der Bewässerungskulturen und durch den vermehrten Einsatz von Agrochemikalien (Dünger, Pestizide) und Gentechnik sowie industrielle Produktionsmethoden wie Intensivtierhaltung oder Aquakultur ausgeglichen werden, die jedoch häufig die Umwelt belasten und eine hohe Energieintensität aufweisen. Der US-amerikanische Nahrungsmittelsektor setzt heute rund zehnmal mehr fossile Energie ein als er in der Form von Nahrungsmittelkalorien erzeugt, so dass sich Fragen nach dessen Dauerhaftigkeit stellen (McCluney 2005).

In den nördlichen Industrieländern ist die öffentliche und politische Wahrnehmung auf die gegenwärtigen Überschussphänomene gerichtet, die durch eine industrielle, stark von fossiler Energie abhängige Landwirtschaft generiert werden, und in der Schweiz zielen die politischen Bestrebungen auf die Sicherstellung der vielfältigen, über die Nahrungsmittelproduktion hinausgehenden Funktionen der Landwirtschaft, wie Landschaftspflege oder Erhaltung der Biodiversität.

Integration der Nachhaltigen Entwicklung in die schweizerische Landwirtschaftspolitik

Seit 1996, also drei Jahre vor der Einführung der übergeordneten Nachhaltigkeitsbestimmungen in der Bundesverfassung (siehe Unterkapitel 4.3), ist das Prinzip der Nachhaltigkeit im Verfassungsartikel über die Landwirtschaft verankert (Artikel 104). Im Jahr 1997 fand die «Weiterführung und konsequente Umsetzung der Agrarreform» als Massnahme 10 Eingang in die «Strategie Nachhaltige Entwicklung 1997» des Bundesrates. Dies waren vorläufige Höhepunkte in einem mehrjährigen politischen Prozess, der die Agrarpolitik grundlegend veränderte. Diese hatte bis anhin die Einkommen der Landwirte primär über Produktepreisstützungen zu stabilisieren versucht. Die Bindung der Unterstützung der Landwirtschaft an die Produktion vermittelte Intensivierungsanreize, welche zu Überproduktionen und Umweltbelastungen, wie z.B. übermässigen Schadstoffeinträgen in die Gewässer oder Ausräumung der Landschaft, führten.

Ab 1992 wurde eine Agrarreform durchgeführt, die eine schrittweise Abkehr von Preisstützung und Absatzgarantien und den Übergang zu einem System der Abgeltung der Landwirte mittels Direktzahlungen vorsah. Das neue Direktzahlungsregime sollte einerseits die Einkommenssicherung von Intensivierungsanreizen befreien (allgemeine Direktzahlungen) und andererseits ganz spezifische gemeinwirtschaftliche Leistungen der Landwirte, wie Landschaftspflege oder Erhaltung der Biodiversität, abgelten (ökologische Direktzahlungen). Rechtlich massgebend ist dafür heute das Bundesgesetz über die Landwirtschaft von 1998 mit den Artikeln 72 bis 77 zu den Direktzahlungen. Heute bestehen folgende Typen von Direktzahlungen:

- *Allgemeine Direktzahlungen:* Flächenbeiträge; Beiträge für die Haltung Raufutter verzehrender Nutztiere; Beiträge für die Tierhaltung unter erschwerenden Produktionsbedingungen; allgemeine Hangbeiträge; Hangbeiträge für Rebflächen in Steil- und Terrassenlagen.
- *Ökologische Direktzahlungen:* Ökobeiträge (Beiträge für den ökologischen Ausgleich; Beiträge für die extensive Produktion von Getreide und Raps; Beiträge für den biologischen Landbau; Beiträge für die be-

sonders tierfreundliche Haltung landwirtschaftlicher Nutztiere), Sömmerungsbeiträge, Gewässerschutzbeiträge.

Die Wirkung der Agrarreform auf die Nachhaltige Entwicklung lässt sich überprüfen, weil die schweizerische Landwirtschaftspolitik als eine der ersten Sektorpolitiken eine umfassende Nachhaltigkeitsberichterstattung pflegt. Die Verordnung über die Beurteilung der Nachhaltigkeit in der Landwirtschaft von 1998 sieht vor, dass das Bundesamt für Landwirtschaft im jährlich erscheinenden Agrarbericht die Lage der Landwirtschaft und die Resultate der Agrarpolitik einer Beurteilung unter dem Gesichtspunkt der Nachhaltigkeit unterzieht. Dafür wurde ein System quantifizierter Indikatoren entwickelt, das im Agrarbericht 2005 (BLW 2005) erstmals umfassend dargelegt wurde (Tabelle 10).

Dimensionen	**Indikatoren**	**Beurteilung**
Ökonomie	Kapitalerneuerung	+ Positiv
	Boden (Quantität)	– Negativ
	Arbeitsproduktivität	+ Positiv
Soziales	Ausbildung	❑ Keine Aussage
	Einkommensvergleich mit übriger Bevölkerung	– Negativ
	Lebensqualitätsvergleich mit übriger Bevölkerung	❑ Keine Aussage
Ökologie	Ökologische Ausgleichsflächen	+ Positiv
	Pflanzenschutzmittelverkauf	+ Positiv
	Phosphoreffizienz	+ Positiv
	Stickstoffeffizienz	+ Positiv
	Energieeffizienz	– Negativ

Tab. 10: Beurteilung der Nachhaltigkeitsindikatoren der schweizerischen Landwirtschaft seit 1990 (BLW 2005, S. 116)

Der Agrarbericht 2005 zieht eine aus Nachhaltigkeitsperspektive gemischte Bilanz. Im Bereich der Ökonomie hat sich über die Jahre die Arbeitsproduktivität verbessert, und die Investitionen in Gebäude, Maschinen und Einrichtungen sind im Verhältnis zum gesamten Kapitalbestand seit 1990 konstant geblieben. Negativ ist hingegen die Abnahme des fruchtbaren Bodens, eines entscheidenden und gleichzeitig nicht vermehrbaren Produktionsfaktors der Landwirtschaft. Diese Abnahme ist allerdings nicht agrarpolitisch, sondern durch die Defizite der Raumplanung bedingt. In Bezug auf die soziale Dimension vergrösserte sich der Einkommensabstand zur übrigen Bevölkerung.
Bei der Ökologie gingen die Entwicklungen mit Ausnahme des Indikators Energie in Richtung Nachhaltigkeit. Allerdings sind in allen Bereichen weitere Verbesserungen notwendig. Vom Ausmass und von der Dringlichkeit der Problematik her gilt dies vor allem für die Energieeffizienz (BLW 2005, S. 116). Die landwirtschaftliche Produktion wie im Übrigen die Produktion von Gütern und die Erbringung von Dienstleistungen insgesamt beruhen zu einem hohen Anteil auf fossiler Energie. Die Energieeffizienz, definiert als Verhältnis zwischen dem Input an fossiler Energie und dem Output an Nahrungsmittelkalorien, liegt heute in der schweizerischen Landwirtschaft bei rund 40%. Für jede erzeugte Nahrungsmittelkalorie werden also 2,5 nicht erneuerbare, fossile Kalorien eingesetzt. Der rationelle Energieeinsatz und der Ersatz der fossilen Energie durch erneuerbare Quellen sind daher zentrale Herausforderungen.
Die schweizerische Landwirtschaftspolitik hat also die Erfordernisse der Nachhaltigen Entwicklung bereits stark integriert, was sich auch in der Entwicklung einzelner Indikatoren niederschlägt. Allerdings besteht weiterhin Verbesserungspotenzial. Die allgemeinen Direktzahlungen, die keine spezifischen Anreizwirkungen bezüglich gemeinwirtschaftlicher und ökologischer Leistungen haben, sind rund viermal höher als die ökologischen Direktzahlungen. Eine Gewichtsverschiebung hin zu den ökologischen Direktzahlungen mit ihren konkreteren Bedingungen könnte die Zielgenauigkeit der Agrarsubventionen erhöhen und den Gegenwert in Form gemeinwirtschaftlicher Leistungen für die rund 3,5 Milliarden Franken, die die Direktzahlungen in 2004 beanspruchten, erhöhen. Auch wird debattiert, ob nicht die Anforderungen an die Landwirte zum

Bezug von ökologischen Direktzahlungen weiterentwickelt werden sollten, um die ökologischen Leistungen weiter zu verbessern.
Trotz dem Übergang zum Direktzahlungssystem betreibt die Schweiz einen weiterhin hohen Grenzschutz insbesondere mit Zöllen und Importquoten. Damit stellen sich Fragen zu den entwicklungspolitischen Wirkungen auf die Länder des Südens. Nicht von ungefähr fordern Entwicklungsländer die Liberalisierung der nördlichen Agrarmärkte, um über die Ausnützung von komparativen Vorteilen bei Landwirtschaftsgütern ihre Entwicklung voranzutreiben.
Es ist jedoch im Auge zu behalten, dass der Selbstversorgungsgrad der Schweiz bei nur rund 60% ihres Nahrungsmittelbedarfs liegt. Die Perspektiven mit einer in wenigen Jahrzehnten auf neun bis zehn Milliarden Menschen anwachsenden Weltbevölkerung, voranschreitender Bodenerosion, sich verknappenden Wasservorkommen und Unsicherheiten in Bezug auf die Verfügbarkeit fossiler Energieträger lässt eine schweizerische Landwirtschaftspolitik ratsam erscheinen, die die Produktionsfähigkeit aufrechterhält, das Landwirtschaftsland sichert und möglichst kleinräumige Stoffkreisläufe gewährleistet. Dieses Erfordernis mit dem Liberalisierungsanliegen in Übereinstimmung zu bringen, bleibt eine anspruchsvolle Herausforderung.

5.4 Mobilität

Die Mobilität wird in der Agenda 21 und im Johannesburg-Umsetzungsplan nicht mit eigenständigen Kapiteln, sondern als Querschnittsthema gewürdigt. Ein besonderes Schwergewicht geniesst das Thema im Kapitel III des WSSD-Schlussdokumentes (Veränderung nicht nachhaltiger Konsum- und Produktionsmuster).

Herausforderungen

Die Frage der Nachhaltigkeitsrelevanz der Mobilität stellt sich auf ganz verschiedenen räumlichen Ebenen. Auf globaler Ebene sind die Fortschritte der Verkehrstechnik, in Verbindung mit der Telekommunikation, ein wesentlicher treibender Faktor des Globalisierungsprozesses und der daraus entstehenden Problemstellungen. Dabei spielt der stark wachsende Flugverkehr eine Schlüsselrolle. Nachfolgend sollen die Herausforderungen aus Sicht des nationalen und lokalen Verkehrs beleuchtet werden.

Die Entwicklung der Mobilität hat Wohlstand und Lebensqualität in der Schweiz positiv geprägt. Immer deutlicher werden aber auch Grenzen des starken Verkehrswachstums erkennbar, so die Belastung der Umwelt, die finanzielle Beanspruchung der öffentlichen Hand oder der Verschleiss nicht erneuerbarer Ressourcen. Um dem Anspruch an eine nachhaltige Mobilität gerecht zu werden, bedarf es einer Gesamtbetrachtungsweise des Verkehrs unter Einbezug aller relevanten Aspekte, wie jener der Volkswirtschaft, der Raumordnung und der Ökologie.
Der Verkehr belastet die Umwelt in vielfältiger Weise. Sein Anteil am Energieverbrauch beträgt heute rund ein Drittel. Weitere Umweltwirkungen des Verkehrs sind Emissionen von Luftschadstoffen sowie Kohlendioxid, Lärmbelastung, Flächenverbrauch, Zerschneidung von Lebensräumen, Eingriffe ins Landschaftsbild, Verzehr nicht erneuerbarer Ressourcen sowie Verkehrsunfälle. In der Schweiz hat der Verkehr in den letzten Jahrzehnten seine Umwelteffizienz, d.h. die spezifische Umweltbelastung pro Personen- oder Tonnenkilometer, erheblich verbessert. Die Effizienzsteigerung des Strassenverkehrs im Bereich der klassischen Luftschadstoffe wie Stickoxide, Kohlenwasserstoffe, Partikel und Blei war so gross, dass sie das anhaltende Verkehrswachstum zu kompensieren vermochte und zu einem Rückgang der absoluten Umweltbelastung führte. Alarmierend ist jedoch die Entwicklung beim Kohlendioxid (CO_2), wo trotz gewisser Effizienzsteigerungen ein Anstieg der absoluten Belastung zu verzeichnen war (siehe Abbildung 10). Energieeffizientere Antriebssysteme werden regelmässig durch zunehmende Fahrleistungen und im Durchschnitt immer grössere und leistungsstärkere Fahrzeuge überkompensiert. Insgesamt sind die Umweltprobleme des Strassen-, Schienen- und Luftverkehrs trotz gewisser Entschärfungen noch nicht gelöst. Vielmehr liegen verschiedene Belastungen noch immer dem für Mensch und Umwelt verträglichen, nachhaltigen Niveau. Insbesondere ist eine rasche Trendwende hin zu dauerhaft sinkenden CO_2-Emissionen erforderlich.

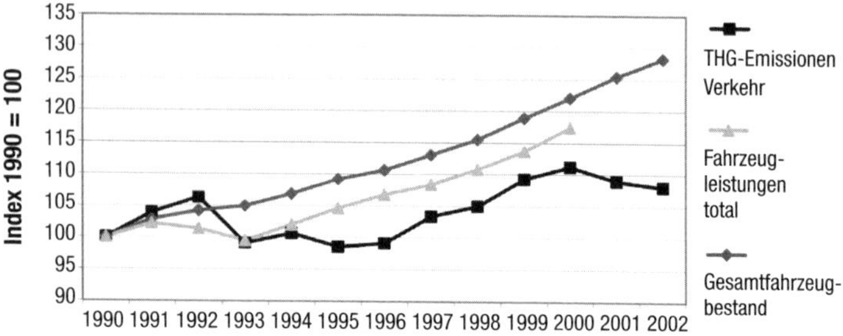

Abb. 10: Treibhausgasemissionen des Verkehrs (inkl. nationaler Flugverkehr, welcher rund 1,5% der Emissionen umfasst, aber ohne internationaler Flugverkehr; Bundesamt für Umwelt)

Die Mobilität wird problematisch finanziert. Bei den Strassen ergab sich gemäss Strassenrechnung im Jahr 2002 ein Eigenwirtschaftlichkeitsgrad von 111% (Einnahmen / Ausgaben im Strassenverkehr für Bau, Betrieb und Unterhalt von Strasseninfrastrukturen). Jedoch verursacht der Strassenverkehr externe Kosten, d.h. auf die Allgemeinheit abgewälzte Kosten in den Kategorien Unfälle, Gebäudeschäden, Lärm und Gesundheitsschäden von rund 4,7 Milliarden Franken oder rund 50% der Ausgaben der Strassenrechnung (Tabelle 11). Im öffentlichen Verkehr weist die Eisenbahnrechnung unter Einbezug der Abgeltungen der öffentlichen Hand einen Deckungsgrad von 104% (2001) aus, ohne die Abgeltungen von 2,5 Milliarden Franken pro Jahr jedoch nur rund 43%. Die externen Kosten des öffentlichen Verkehrs sind hingegen sehr gering.

In Mio. CHF	Gesundheit (2000)	Unfälle (1998)	Lärm (2000)	Natur und Landschaft (2000)	Gebäude (2000)	Total
Strasse	**1525**	**1433**	**869**	**662**	**245**	**4734**
- Personen	870	1336	550	552	129	3437
- Güter	655	97	319	110	116	1297
Schiene	**100**	**12**	**129**	**103**	**14**	**358**
- Personen	46	10	102	67	6	231
- Güter	54	2	27	36	8	127
Total	**1625**	**1445**	**998**	**765**	**259**	**5092**

Tab. 11: Externe Kosten des Strassen- und Schienenverkehrs in Mio. Franken (Basis 1998/2000; Bundesamt für Raumentwicklung)

Sowohl der Strassen- als auch der Schienenverkehr werden also subventioniert. Dies führt zu übermässiger Nachfrage nach Verkehr, welche wiederum Druck nach Angebotserweiterungen erzeugt. Abgeltungen an den öffentlichen Verkehr geraten durch die Sparpolitik der öffentlichen Hand unter Druck. Problematisch ist eine einseitige Reduktion der Abgeltungen an den öffentlichen Verkehr ohne flankierende Internalisierung der externen Kosten im Strassensektor.

Wie eine nachhaltige Verkehrspolitik ausgestaltet werden sollte, wurde in den Jahren 1996 bis 2001 umfassend im Nationalen Forschungsprogramm NFP 41 «Verkehr und Umwelt» des Schweizerischen Nationalfonds untersucht. Die hauptsächlichen Vorschläge aus den Abschlussberichten lauten (Oetterli / Perret / Walter 2001):

- *Institutionen und Rahmenbedingungen verbessern:* Effizienz der Verkehrsunternehmen sowie von Bau, Unterhalt und Betrieb der Infrastrukturen erhöhen, Kostenwahrheit durch Internalisierung der externen Kosten realisieren.
- *Personenmobilität vermehrt auf Nachhaltigkeit ausrichten:* Strategien im Freizeitverkehr entwickeln, kombinierte Mobilität (z.B. Auto/Fuss, Fuss/Velo, Velo/öffentlicher Verkehr) im Personenverkehr weiter fördern, Potenziale autofreier Haushalte nutzen, Langsamverkehr (Fuss- und Veloverkehr) stärken.
- *Nachhaltigkeit im Güterverkehr verbessern:* Effizienz von Unternehmen und Infrastruktur des Güterverkehrs erhöhen, Verkehrsverlagerung von der Strasse auf die Schiene vorantreiben.
- *Möglichkeiten der Technik und der Telematik nutzen:* Neue Technologien für die Verkehrssteuerung, für die Bewirtschaftung knapper Transportkapazitäten und die Verkehrsvermeidung einsetzen.
- *Umwelt und Raumplanung besser abstimmen:* Siedlungsentwicklung und Verkehr besser koordinieren, Siedlungsverdichtung fördern, Siedlungsplanung derart ausrichten, dass «Zwangsverkehr» vermieden werden kann.
- *Akzeptanz und Umsetzung sichern:* Dialog für eine nachhaltige Verkehrspolitik stärken, Aus- und Weiterbildung auf allen Stufen verbessern, Akzeptanz durch neue Partizipationsmodelle stärken.

Integration der Nachhaltigen Entwicklung in die schweizerische Verkehrspolitik

Seit den 1980er Jahren gibt es in der schweizerischen Verkehrspolitik Bestrebungen zur Integration von Nachhaltigkeitsanliegen. Gemäss der Departementsstrategie des Eidgenössischen Departementes für Umwelt, Verkehr, Energie und Kommunikation (UVEK) aus dem Jahr 2001 bedeutet dies:

- *Ökologische Nachhaltigkeit:* Die erforderliche Mobilität wird möglichst umweltgerecht bewältigt und nimmt durch die Internalisierung der externen Kosten nicht unbeschränkt zulasten der Umwelt zu.
- *Wirtschaftliche Nachhaltigkeit:* Die Mobilitätsbedürfnisse werden volkswirtschaftlich möglichst effizient befriedigt und die finanziellen Kosten für den Staat bleiben tragbar.
- *Soziale Nachhaltigkeit:* alle Bevölkerungsgruppen und Landesteile haben Zugang zur Mobilität.

Im Rahmen dieser Politik wird versucht, durch Angebotsverbesserungen im öffentlichen Verkehr dessen Anteil am Gesamtverkehr zu erhöhen und Schritte in Richtung Kostenwahrheit zu unternehmen. Die Verkehrspolitik war auch Gegenstand der bundesrätlichen Strategien zur Nachhaltigen Entwicklung von 1997 und 2002. Während 1997 die «Weiterentwicklung des Finanzierungskonzeptes im Verkehrsbereich» (Massnahme 9) vor allem grössere Investitionen im öffentlichen Verkehr ermöglichen sollte, forderte die Strategie 2002 saubere Fahrzeuge (Massnahme 10), ein Leitbild nachhaltige Mobilität (Massnahme 15), die Stärkung des öffentlichen Verkehrs (16) und eine neue Strassenverkehrssicherheitspolitik (Massnahme 17). Als wichtige Bausteine der solcherart ausgerichteten Verkehrspolitik seit der Mitte der 1980er Jahre sind zu nennen:

- *Die Realisierung der «Bahn 2000»,* eines netzartigen Systems des öffentlichen Verkehrs mit Taktfahrplan und durch gezielte Streckenausbauten ermöglichten einstündigen Eisenbahnverbindungen zwischen den wichtigsten Zentren der Schweiz.
- *Bau der Neuen Eisenbahn-Alpentransversalen (NEAT)* mit den zwei Basistunnels durch Gotthard und Lötschberg mit dem Zweck der Verkehrsverlagerung von der Strasse auf die Schiene. Diese Verlagerungspolitik ist nach der Annahme des so genannten Alpenschutzartikels (Ar-

tikel 84) in einer Volksabstimmung seit 1994 auf die Bundesverfassung abgestützt.

- *Einführung der Leistungsabhängigen Schwerverkehrsabgabe (LSVA)*, wonach in der Schweiz seit 2001 jeder Transportunternehmer für seine Fahrten auf Schweizer Strassen einen Betrag abliefern muss, der sich nach der Distanz, dem Gewicht und dem Schadstoffausstoss richtet. Die LSVA ersetzte die frühere pauschale Schwerverkehrsabgabe. Der Wechsel zu einer leistungsabhängigen Abgabe verwirklichte das Verursacherprinzip und trägt dazu bei, das Wachstum des Strassenschwerverkehrs zu begrenzen, die Verlagerung des Güterverkehrs auf die Schiene zu fördern und die Umwelt zu entlasten.
- *Die Durchführung einer etappenweisen Bahnreform,* die mehr Wettbewerb und Effizienzsteigerung in den öffentlichen Verkehr bringt.
- *Die Definition von Zielgrössen für die CO_2-Emissionen im Verkehr* im Rahmen der schweizerischen Klimapolitik (Verminderung der Emissionen aus fossilen Treibstoffen um 8% bis 2010 gegenüber dem Referenzjahr 1990; vgl. Unterkapitel 5.1) mit Umsetzungsmassnahmen wie einer freiwilligen Branchenvereinbarung des Bundes mit dem Automobilgewerbe zur kontinuierlichen Absenkung des Energieverbrauchs der in der Schweiz zirkulierenden Automobilflotte.
- Mit der Schaffung einer Verfassungsgrundlage für den *Agglomerationsverkehr* im Jahr 2004 im Rahmen der Neugestaltung des Finanzausgleichs zwischen Bund und Kantonen wird ein vermehrtes Engagement des Bundes für die Förderung des öffentlichen und Langsamverkehrs in Agglomerationen ermöglicht.

Auch in der Verkehrsplanung werden heute recht systematisch Beurteilungsverfahren eingesetzt, die sich am Konzept der Nachhaltigen Entwicklung orientieren. Auf Bundesebene wurde im Eidgenössischen Umwelt-, Verkehrs-, Energie- und Kommunikationsdepartement (UVEK) das so genannte Ziel- und Indikatorensystem nachhaltiger Verkehr (ZINV UVEK) entwickelt. Das ZINV UVEK legt als verbindliche Grundlage die Rahmenbedingungen für die Beurteilung von Verkehrsvorhaben aus Sicht der Nachhaltigkeit fest. Als Kern wurde ein Zielkatalog definiert (vgl. Tabelle 12).

Bereich	Oberziel	Teilziel
Ökologie	Lokale, nationale und grenzüberschreitende Umweltbelastungen auf ein langfristig unbedenkliches Niveau senken	1. Luftschadstoffe senken
		2. Lärmbelastung senken
		3. Bodenversiegelung reduzieren
		4. Belastung von Landschaften und Lebensräumen senken
		5. Einwirkungen auf Gewässer senken
	Atmosphärische Umweltbelastungen senken	6. Beeinträchtigung des Klimas senken
		7. Ozonschicht erhalten
	Ressourcen schonen	8. Verbrauch nicht erneuerbarer Energieträger senken
		9. Abbau natürlicher Ressourcen vermeiden
Wirtschaft	Gutes Verhältnis von direkten Kosten und Nutzen schaffen	10. Direkte Kosten des Vorhabens minimieren (Jahreskosten)
		11. Direkte Nutzen des Vorhabens maximieren (Jahresnutzen)
		12. Vorhaben optimal umsetzen
	Indirekte wirtschaftliche Effekte optimieren	13. Erreichbarkeit als Teil der Standortgunst verbessern
		14. Schaffung und Erhalt der räumlichen Voraussetzungen für die Wirtschaft (Städte und Agglomerationen als Arbeitsstandort stärken)
		15. Unterstützung einer regional ausgeglichenen wirtschaftlichen Entwicklung
		16. Know-how-Gewinn realisieren
	Eigenwirtschaftlichkeit erreichen	17. Eigenwirtschaftlichkeit erreichen
Gesellschaft	Grundversorgung sicherstellen	18. Landesweite Grundversorgung sicherstellen
		19. Rücksicht auf Menschen mit einem erschwerten Zugang zum Verkehr nehmen und Situation der Fussgänger und Velofahrenden verbessern
	Gesellschaftliche Solidarität fördern	20. Gesundheit und Wohlbefinden der Menschen schützen
		21. Unabhängigkeit, Individualität, Selbstverantwortung erhalten und fördern
		22. Sozialverträgliches Verhalten der beteiligten Partner
		23. Beitrag zur Förderung des Erhalts und der Erneuerung wohnlicher Siedlungen in den urbanen Räumen und Zentren des ländlichen Raums
		24. Kosten und Nutzen fair verteilen
	Akzeptanz, Partizipation und Koordination sicherstellen	25. Den betroffenen Akteuren angemessene Mitwirkungsmöglichkeiten gewähren

Tab. 13: Ziel- und Indikatorensystem nachhaltiger Verkehr (ZINV UVEK)

Ausgehend vom ZINV UVEK wurden spezifische, differenzierte Beurteilungssysteme entwickelt, namentlich das Beurteilungssystem «Nachhaltigkeitsindikatoren für Bahninfrastrukturprojekte NIBA» im Bundesamt für Verkehr (BAV) sowie das Beurteilungssystem «Nachhaltigkeitsindikatoren für Strasseninfrastrukturprojekte NISTRA» im Bundesamt für Strassen (ASTRA). Auch das Bundesamt für Zivilluftfahrt (BAZL) orientiert sich bei Projektbeurteilungen, wie z.B. von verschiedenen Betriebsvarianten an Flughäfen, am ZINV UVEK.
Die Nachhaltigkeitsprinzipien sind mittlerweile gut in der Verkehrspolitik verankert. Auch die Umwelteffizienz hat sich verbessert. Wie anhand des Energieverbrauchs und der Treibhausgasemissionen gezeigt wurde, hat jedoch noch keine Trendwende im erforderlichen Ausmass stattgefunden. Dieser Schluss ist auch aus der Entwicklung des sich über die vergangenen Jahre kaum verändernden «Modal Splits» zu ziehen, d.h. der Verteilung des Verkehrs auf öffentlichen und privaten Verkehr. Der Anteil des öffentlichen Verkehrs im Personenverkehr liegt trotz grosser Investitionen seit Jahren bei rund 20%, weil auch die Infrastrukturen für den Strassenverkehr verbessert wurden. Und das Verkehrsvolumen steigt nach wie vor im Gleichschritt mit dem Bruttoinlandprodukt, im Güterverkehr sogar überproportional.

5.5 Aussenwirtschafts- und Entwicklungspolitik

Im vorliegenden Unterkapitel soll dargelegt werden, welche Politik die Schweiz in Bezug auf die Entwicklungsländer verfolgt und wie sie aus Nachhaltigkeitssicht zu beurteilen ist. Zu dieser «Südpolitik» zählen die Entwicklungszusammenarbeit, aber auch diejenigen Aspekte der Aussenwirtschaftspolitik, die auf die Entwicklung der armen Länder einwirken. Die Fragen des Weltwirtschaftssystems und seine Rückwirkungen auf die Länder des Südens sind in der Agenda 21 Hauptgegenstand des ersten (wirtschaftliche und soziale Dimensionen) und vierten Teiles (Möglichkeiten der Umsetzung) sowie im Johannesburg-Umsetzungsplan der Kapitel II (Armutsbekämpfung) und V (Nachhaltige Entwicklung in einer sich globalisierenden Welt).

Herausforderungen

Die nachhaltigkeitsbezogenen Herausforderungen in diesem Politikbereich wurden bereits im Unterkapitel 3.3, speziell unter dem Titel «Globalisierung und Freihandel», besprochen. Die Anforderungen an ein nachhaltiges Weltwirtschaftssystem können in aller Kürze wie folgt rekapituliert werden:

- *Entkoppelung von Wachstum und Umweltverbrauch:* Internalisierung externer Effekte, Kostenwahrheit bei Energie und Verkehr, Erhaltung der Biodiversität, Reduktion des Materialdurchflusses, Übergang zu erneuerbarer Ressourcenbasis, institutionelle Gleichstellung des Umweltpfeilers der Nachhaltigen Entwicklung im Vergleich zur Welthandelsorganisation (WTO.)
- *Begleitung durch geeignete Gesellschaftspolitik:* Institutionelle Reformen, «gute Regierungsführung», Sozialpolitik, Abbau zu grosser Ungleichheiten, Bildungspolitik, Gesundheitspolitik, Kulturpolitik, institutionelle Gleichstellung des Sozialpfeilers der Nachhaltigen Entwicklung im Vergleich zur WTO.

Integration der Nachhaltigen Entwicklung in die schweizerische Aussenwirtschafts- und Entwicklungspolitik

Die schweizerische Aussenwirtschaftspolitik wurde 2004 in einem Bericht der Landesregierung neu definiert (Schweizerischer Bundesrat 2004). Die Hauptaufgabe der Aussenwirtschaftspolitik liegt in der Steigerung des Wohlstandes der Schweiz. Dafür müsse die Förderung der Exporte, die Verbesserung des Marktzutritts für Importe und die Integration möglichst vieler Länder in die Weltwirtschaft angestrebt werden. Die Aussenwirtschaftspolitik umfasst alle drei Aspekte und setzt sich deshalb aus den folgenden Dimensionen zusammen:

- Marktzugang im Ausland und internationales Handelsregelwerk,
- Binnenmarktpolitik in der Schweiz,
- Beitrag zur wirtschaftlichen Entwicklung in Partnerländern.

Diese breit verstandene Aussenwirtschaftspolitik nimmt Abstand von der herkömmlichen Aufspaltung der Wirtschaftspolitik in rein aussenwirtschaftliche und rein binnenwirtschaftliche Bereiche, weil dies für ein Land, das derart stark international verflochten ist wie die Schweiz, keinen Sinn mehr mache. Die Aussenwirtschaftspolitik soll vor allem zu einer Steigerung des Wirtschaftswachstums beitragen und steht damit inmitten

der in Unterkapitel 3.3 dargelegten Spannungsfelder zwischen dem Wirtschaftswachstum einerseits und der Umwelt- und der sozialen Dimension der Nachhaltigen Entwicklung andererseits.
Die als Teil der Aussenwirtschaftspolitik betriebene wirtschaftliche Entwicklungszusammenarbeit ist jedoch nicht allein wirtschaftspolitisch ausgerichtet, sondern weist mehrere Bezüge zu ökologischen und sozialen Aspekten der Nachhaltigen Entwicklung auf (Schweizerischer Bundesrat 2005, S. 46f. und S. 68f.):

- Förderung von umwelteffizienten Produktionsweisen durch Umwelttechnologiezentren (Cleaner Production Centers) in Zusammenarbeit mit der UNO-Organisation für industrielle Entwicklung (UNIDO),
- Engagement für die soziale Dimension der Nachhaltigen Entwicklung über die Unterstützung von Initiativen der Internationalen Arbeitsorganisation der Vereinten Nationen (ILO) gegen Zwangsarbeit, Korruption usw. sowie für den Global Compact des UNO-Generalsekretärs (siehe Unterkapitel 5.7),
- Förderung des Handels mit nachhaltig produzierten Gütern und Rohstoffen, insbesondere Kaffee, Soja, Tropenholz und Teppichen,
- Finanzierung und Modernisierung von Infrastrukturen insbesondere in den Bereichen Wasser, Energie, Abfall, Gesundheit, öffentlicher Verkehr, häufig auch mit einer Steigerung der Umwelteffizienz,
- Mitwirkung an Initiativen zur Entschuldung der ärmsten Entwicklungsländer.

Die Aussenwirtschaftspolitik verfolgt ihre Ziele in enger Abstimmung mit der Entwicklungspolitik, welche die armen Länder nach einem umfassenderen Entwicklungsverständnis unterstützen will. Gemäss dem Zielartikel des noch heute geltenden Bundesgesetzes von 1976 über die internationale Entwicklungszusammenarbeit und humanitäre Hilfe unterstützt die Entwicklungszusammenarbeit die Entwicklungsländer im Bestreben, die Lebensbedingungen ihrer Bevölkerung zu verbessern. Sie soll dazu beitragen, dass diese Länder ihre Entwicklung aus eigener Kraft vorantreiben. Sie unterstützt in erster Linie die ärmeren Entwicklungsländer, Regionen und Bevölkerungsgruppen. Sie fördert namentlich die Entwicklung ländlicher Gebiete, die Verbesserung der Ernährungslage, insbesondere durch die landwirtschaftliche Produktion zur Selbstversorgung, das Handwerk und die örtliche Kleinindustrie, die Schaffung von

Arbeitsplätzen und die Herstellung und Wahrung des ökologischen und demografischen Gleichgewichts.

Zwar zielt die Entwicklungspolitik noch umfassender als die Aussenwirtschaftspolitik darauf hin, eine soziale Entwicklung zu fördern und über die Verminderung armutsbedingter Umweltdegradationen zur Nachhaltigen Entwicklung beizutragen. Aber auch sie muss sich der Problematik der Auswirkungen des Wirtschaftswachstums auf die Nachhaltige Entwicklung stellen, da sie ihre Zielländer letztlich zu einem selbsttragenden Prozess der Entwicklung und des Wirtschaftswachstums heranführen will (vgl. Unterkapitel 3.3).

Die Schweizer Regierung hat sich wiederholt dafür ausgesprochen, auf eine umfassende globale Rahmensetzung hinzuarbeiten. Im aussenpolitischen Bericht von 2000 wird eine Strategie definiert, in die sich Aussenwirtschafts- und Entwicklungspolitik einfügen müssen und die einen Zielkatalog umfasst, der wirtschaftliche, ökologische und gesellschaftliche Ziele auf die gleiche Ebene setzt (Abb. 11).

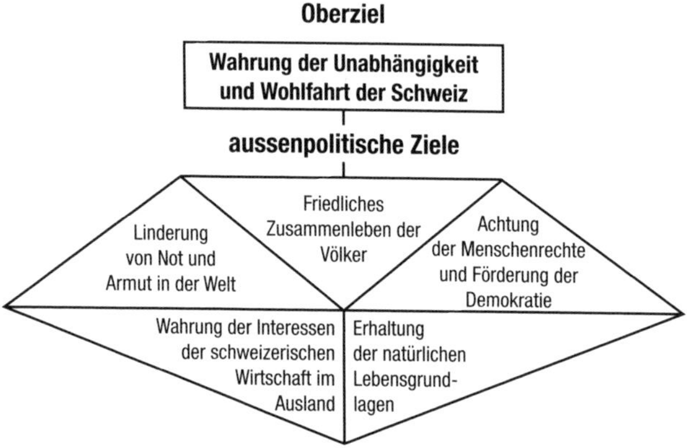

Abb. 11: Ziele der schweizerischen Aussenpolitik gemäss aussenpolitischem Bericht 2000 (Schweizerischer Bundesrat 2000, S. 7)

In der «Strategie Nachhaltige Entwicklung 2002» legte sich der Bundesrat in Massnahme 1 (WTO und Nachhaltige Entwicklung) dahingehend fest, dass die Schweiz die weitere Liberalisierung und Integration der Weltwirtschaft im Rahmen der Welthandelsorganisation (WTO) vorantreiben werde, sich in der WTO aber speziell für die Nachhaltige Entwicklung engagiere und versuche, die daraus hervorgehenden Interessenkonflikte zu thematisieren. Die Schweiz solle sich einerseits speziell für die Entwicklung der ärmsten Länder einsetzen und durch den weiteren Abbau nicht nachhaltiger Subventionen sowie von Handels- und Investitionshemmnissen eine effiziente Ressourcenverwendung fördern. Andererseits gelte es auch die anderen Dimensionen der Nachhaltigen Entwicklung zu stärken. Im Bereich Ökologie setze sich die Landesregierung ein für Kohärenz zwischen den Welthandelsregeln und internationalen Umweltabkommen, für ein WTO-kompatibles System zur Kennzeichnung der Herstellungsqualität von Gütern (Öko-Labelling), für ökologische Mindeststandards sowie für die Anwendung und Erweiterung des Vorsorge- und Verursacherprinzips innerhalb der WTO. Im gesellschaftlichen Bereich trete die Schweiz in der WTO für eine Stärkung der Zusammenarbeit mit den multilateralen Organisationen im Umwelt- und Sozialbereich und für eine Verbesserung des Dialogs mit Nichtregierungsorganisationen ein. In der Strategie finden sich weitere verwandte Massnahmen. Massnahme 12 (Stärkung des internationalen Umweltsystems) bezweckt eine Straffung und Stärkung des weltweiten Umweltregimes, um dessen Stellung gegenüber den Regimes im wirtschaftlichen und sozialen Bereich zu verbessern. Mit Massnahme 18 (Mitwirkung bei der Formulierung und Umsetzung einer multilateralen Politik der Nachhaltigkeit) will der Bundesrat das Instrumentarium der multilateralen Politik ausbauen, um die Anliegen der Nachhaltigen Entwicklung auf globaler Ebene verstärkt einzubringen, z.B. durch eine aktivere Mitbestimmung in der Geschäftspolitik der internationalen Organisationen. Schliesslich will Massnahme 19 (neue Formen der Entwicklungsfinanzierung) zusätzliche Mittel – über die klassische öffentliche Entwicklungshilfe hinaus – für die Entwicklungszusammenarbeit mobilisieren. Darunter fallen private Investitionsströme oder auch Ideen wie die Besteuerung kurzfristiger, spekulativer Finanztransaktionen oder des internationalen Flugverkehrs, der bislang von Kerosinsteuern befreit ist. Massnahme 19 ist vor dem Hintergrund zu sehen, dass viele Staaten Mühe bekunden, die öffentliche Entwicklungshilfe auf die von der UNO geforderten 0,7% des Bruttovolkseinkommens zu steigern; in der Schweiz erreichte der Anteil im Jahr 2004 0,41%.

In der schweizerischen «Südpolitik» sind somit Nachhaltigkeitsanliegen in verschiedener Weise aufgegriffen worden. Allerdings hat das Engagement für den Umwelt- und den sozialen Pfeiler sowie für eine Neuorientierung der internationalen Wirtschaftspolitik bislang an der Dominanz des internationalen Handels- (und Finanz-)Regimes über die Umwelt- und Sozialregime wenig ändern können. Der Bundesrat unterstreicht im Aussenwirtschaftsbericht 2005, dass diesbezügliche internationale Verhandlungen nicht vorankommen (Schweizerischer Bundesrat 2005, S. 50). Damit bleibt die Weltwirtschaft nach wie vor auf quantitative, physische Expansion ausgerichtet, die Entkoppelung des Umwelt- und Ressourcenverbrauchs ist ungenügend, der Übergang zu einer ressourcenleichten und sozial gerechten Entwicklung erfolgt nur zaghaft.

5.6 Lokale Gebietskörperschaften

In Unterkapitel 3.5 wurde bei der Diskussion der Determinanten nachhaltiger Entwicklungsprozesse auf das Gegenstromprinzip bzw. auf das notwendige wechselseitige Zusammenspiel von Umsetzungsschritten auf globaler, nationaler, regionaler und lokaler Ebene hingewiesen. Weil zahlreiche Zusammenhänge zwischen lokaler und globaler Ebene bestehen, weist die Agenda 21 von Rio den lokalen Gebietskörperschaften eine Schlüsselrolle zu. Im Kapitel 28 der Agenda 21 ist der politische Auftrag formuliert, dass jede Lokalbehörde ihre Bürger befragen und eine «Lokale Agenda 21» ausarbeiten soll. Auch im Johannesburg-Umsetzungsplan wird die Bedeutung des Handelns auf lokaler Ebene im Kapitel XI (Institutioneller Rahmen für die Nachhaltige Entwicklung) erneut betont.

Herausforderungen

Unter einer Lokalen Agenda 21 oder einem Nachhaltigkeitsprozess einer Gebietskörperschaft versteht man das Angehen von Problemen und das Durchführen von Aktionen, welche die Dimensionen Wirtschaft, Gesellschaft und Umwelt berücksichtigen und einen Beteiligungsprozess verfolgen. Die Vertreter der Lokalbehörden sollten mit den Einwohnern und Gemeinschaften, Handels- und Industriebetrieben Kontakt aufnehmen, um einen Konsens über nachhaltige Entwicklungsstrategien zu erzielen (Verein Lokale Agenda 21 2001a und 2001b, ARE 2005c).

Die auf lokaler Ebene getroffenen Entscheidungen haben weltweite Auswirkungen und umgekehrt. In der Schweiz ist dieser Umstand besonders relevant, weil die Kantone und Gemeinden dank dem föderalistischen Staatsaufbau in vielen nachhaltigkeitsrelevanten Themenfeldern über hohe Kompetenzen und damit auch Einflussmöglichkeiten verfügen. Die Themenvielfalt, die ein Gemeinwesen in seiner Lokalen Agenda 21 behandeln kann, entspricht jener der Agenda 21. Typische Themen sind Energie, Raumentwicklung, Mobilität, Wohnen und Wohnqualität, Gesundheit und Umwelt, Arbeitsmöglichkeiten und Beschäftigungsformen, Auswirkungen des Konsumverhaltens, soziale Integration benachteiligter Gruppen, Integration von Personen mit Migrationshintergrund. Bis heute bestehen keine verbindlichen Vorgaben, ein lokaler Nachhaltigkeitsprozess muss nicht zwingend alle genannten Themen bearbeiten.

Im europäischen Kontext gibt die «Charta der Europäischen Städte und Gemeinden auf dem Weg zur Zukunftsbeständigkeit» einen breit akzeptierten Rahmen vor. Diese Charta wurde im Jahr 1994 von den Teilnehmenden der Europäischen Konferenz über zukunftsbeständige Städte und Gemeinden in Aalborg, Dänemark, verabschiedet. Die wichtigsten Themen der Charta lauten:

- Zukunftsbeständigkeit als kreativer, lokaler, gleichgewichtssuchender Prozess,
- städtische Wirtschaft auf dem Weg zur Nachhaltigkeit und Zukunftsbeständigkeit,
- soziale Gerechtigkeit als Voraussetzung für eine Zukunftsbeständigkeit der Stadt,
- zukunftsbeständige Flächennutzungsstrukturen,
- zukunftsbeständige Strukturen städtischer Mobilität,
- Verantwortung für das Weltklima,
- Vermeidung der Vergiftung von Ökosystemen,
- kommunale Selbstverwaltung als Voraussetzung,
- Bürger als Schlüsselakteure und der Einbezug der örtlichen Gemeinschaft.

An der Konferenz «Aalborg +10», die 2004 wiederum in Aalborg durchgeführt wurde und eine Rückschau auf zehn Jahre Umsetzung der Charta hielt, wurden weitergehende, die Charta konkretisierende so genannte «Aalborg Commitments» beschlossen. Diese geben einen guten Einblick, was ein Lokaler Agenda 21-Prozess idealerweise enthalten sollte.

Die Agenda 21 weist die Hauptverantwortung für die Lokalen Agenden 21 den Behörden der Gebietskörperschaft zu, ruft diese aber zu einem Dialogprozess mit den gesellschaftlichen Gruppen auf. Dazu zählen die Verwaltung, die Einwohner, Gewerbetreibende und Industrie, Nichtregierungsorganisationen, Kirchen, Vereine usw. Es geht in erster Linie darum, Zielkonflikte zwischen den drei Dimensionen der Nachhaltigen Entwicklung nicht wie gewohnt durch blosse politische Kompromisse zu lösen, sondern Win-win-Strategien zu entwickeln und Konsens zu finden. Im Dialog sollen die beteiligten Interessenvertreter Vereinbarungen aushandeln, die möglichst allen einen Vorteil bringen. Um den Dialog erfolgreich zu führen, braucht es zahlreiche Voraussetzungen (z.B. professionelle und neutrale Moderation, verbindliche Beschlüsse mit Zielsetzungen durch die Behörden, Einbindung aller auf lokaler Ebene relevanten Kräfte).
Partizipativen Prozessen auf lokaler Ebene kommt weltweit, wo sich viele Staaten durch Zentralismus und einen Mangel an Demokratie auszeichnen, eine wichtige mobilisierende Rolle zu. Im schweizerischen politischen System mit direkter Demokratie und ausgebauten Mitwirkungsmöglichkeiten sind ihnen spezifische Funktionen zuzuweisen, wenn sie einen Mehrwert generieren sollen. In den herkömmlichen direkt-demokratischen Entscheidungsabläufen heisst Mitwirkung in der Regel Stellungnahme zu fertigen Vorlagen, es herrscht das Mehrheitsprinz, Nicht-Stimmberechtigte sind ausgeschlossen und die Entscheide sind oft rechtlich verbindlich. Neue ergänzende Formen der Partizipation erlauben dagegen eine Einflussnahme in einem frühen Zeitpunkt, Dialog- und Konsensorientierung im Frühstadium eines Entscheidfindungsprozesses, Beteiligung von Nicht-Stimmberechtigten. Meist sind diese Prozesse jedoch für die Behörden nur moralisch verbindlich oder konsultativ. Aus diesen unterschiedlichen Charakteristiken lässt sich jedoch auch ein gewisses Spannungsverhältnis zwischen direkter Demokratie und partizipativen Prozessen erkennen. Entsprechend wichtig ist bei partizipativen Prozessen die optimale Gestaltung und Abstimmung mit bzw. Eingliederung in die formellen politischen Strukturen und Prozesse.
Ganz generell stellt sich für Lokale Agenden 21 die Frage nach dem Verhältnis zur formalen Politik, da zumindest in hoch entwickelten Ländern alle typischen Agendathemen bereits institutionalisiert sind. Eine Lokale Agenda als Parallelstruktur zur formalen Politik ist kaum erfolgsverspre-

chend. Sie ist als Impulsgeberin innerhalb der politischen Strukturen mit dem Ziel zu konzipieren, die sektorübergreifende Zusammenarbeit zu stärken und alle Sektorpolitiken auf die Erfordernisse der Nachhaltigen Entwicklung auszurichten. Dabei ist in geeigneter Weise auch der Dialog mit der Zivilgesellschaft zu pflegen.

Umsetzung in der Schweiz

Nach heutigem Verständnis sind vom Kapitel 28 der Agenda 21 in der Schweiz alle subnationalen staatlichen Ebenen, also Kantone, Regionen und Gemeinden angesprochen. Die Bundesbehörden befassen sich mit den lokalen Agendaprozessen, seit 1997 eine parlamentarische Motion den Bundesrat beauftragte, den Prozess der Erarbeitung und Umsetzung von kanntonalen und kommunalen Agenden 21 einzuleiten und zu fördern. Die bundesrätliche «Strategie Nachhaltige Entwicklung 2002» nahm dieses Thema auf und wies darauf hin, wie wichtig es ist, die Gemeinwesen auf kantonaler, regionaler und kommunaler Ebene bei der Umsetzung der Nachhaltigen Entwicklung einzubeziehen und sie zu ermutigen, eigene Umsetzungspläne zu entwickeln.

Trotz dieser grundsätzlich positiven Haltung bestehen in der Schweiz heute allerdings seitens des Bundes nur minimale finanzielle Unterstützungsmöglichkeiten für lokale Nachhaltigkeitsprozesse, und es fehlt eine rechtliche Verbindlichkeit. Damit unterscheidet sich die Schweiz von anderen Staaten wie Grossbritannien oder den skandinavischen Ländern, die dank höherer finanzieller Förderung und höherer Verbindlichkeit erreicht haben, dass Lokale Agenden 21 flächendeckend praktiziert werden (ARE 2005b). Unter den gegebenen Rahmenbedingungen versuchen die Schweizer Behörden, die Agendabewegung durch die Bereitstellung von Grundlagen, von Instrumenten, durch logistische Hilfen und Beratungen sowie durch eine Vernetzung der engagierten Akteure im Rahmen eines «Forums Nachhaltige Entwicklung» zu unterstützen (siehe «Eine Fachstelle für die Nachhaltige Entwicklung» in Unterkapitel 4.3).

Ein Beispiel einer solchen Unterstützungsleistung sind die 2005 publizierten Qualitätsstandards für Nachhaltigkeitsprozesse (ARE 2005c). Im Hinblick auf eine Qualitätssicherung der in der Schweiz betriebenen Lokalen Agenden 21 wurden gemeinsam mit den betroffenen Kantonen und Gemeinden Kriterien definiert, die den lokalen Gebietskörperschaften – im Sinne einer Empfehlung – helfen sollen, ihre Prozesse wirkungsvoll durchzuführen. Die Kriterien umfassen (a) inhaltliche Grundsätze, welche die Charta und die Commitments von Aarlborg aufnehmen, (b) Elemente eines guten Prozessmanagements, die eine fortlaufende Optimierung garantieren sollen, sowie (c) weitere Erfolgsfaktoren für eine erfolgreiche Lokale Agenda 21 (Abbildung 12).

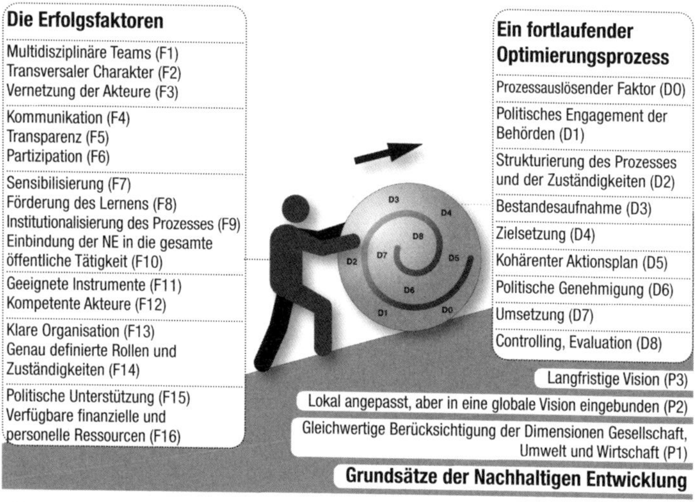

Abb. 12: Qualitätsstandards für lokale Nachhaltigkeitsprozesse in der Schweiz (ARE 2005c)

Was die Situation auf der Stufe der Gemeinden betrifft, liegt in der Schweiz der Anteil derjenigen, die sich in einem lokalen Agendaprozess engagieren, an der Gesamtzahl der Gemeinden bei rund 5%. Trotz des tiefen Satzes sind in den beteiligten Gemeinwesen dennoch über 25% der Schweizer Bevölkerung vertreten. Dies ist auf die Beteiligung der acht grössten Städte des Landes zurückzuführen, nämlich Zürich, Basel, Bern, Genf, Lausanne, Luzern, St. Gallen und Winterthur (ARE / IDHEAP 2003).

Auf Kantonsstufe sind im Jahr 2004 14 Kantone in Nachhaltigkeitsprozessen engagiert, die eine Nähe zur «Lokalen Agenda 21» aufweisen (ARE 2004c). Die kantonalen Ansätze sind heterogener als die kommunalen. Nur schon für die Partizipation bestehen auf Kantonsstufe andere Voraus-

setzungen, da der direkte Einbezug der Bevölkerung wesentlich schwieriger zu realisieren ist als in einer Gemeinde oder einem Quartier. Auch unterscheiden sich die kantonalen Ansätze darin, ob sie primär auf die kantonale Ebene zielen oder auch eine aktive Rolle in Bezug auf die Förderung von Agendaprozessen auf Gemeindestufe vorsehen. Idealerweise ist beides der Fall.
In einer Gesamtwürdigung der Situation in der Schweiz ist der Realisierungsstand auf dem Gebiet der Lokalen Agenda 21 als gemischt zu bezeichnen. Die Bundesförderung ist im Vergleich zu anderen Staaten sehr bescheiden und die Anzahl engagierter Gemeinden und Kantone tief, wenn auch der involvierte Bevölkerungsanteil grösser ist. Damit vergibt sich die Schweiz Chancen für gesellschaftliche Lernprozesse. Bei einer stärkeren Verbreitung von Agendaprozessen könnte die Schweizer Bevölkerung vermehrt für die Nachhaltige Entwicklung sensibilisiert und zu ihr hingeführt werden.

5.7 Privatsektor

Die Privatwirtschaft ist einerseits Motor vieler nachhaltigkeitsrelevanter Vorgänge wie des Globalisierungsprozesses und des Wirtschaftswachstums, andererseits aber auch ein zentraler Akteur bei der Problemlösung. In der Agenda 21 wird die Rolle des Privatsektors in Kapitel 30 gewürdigt, im Johannesburg-Umsetzungsplan wird der Privatsektor im Sinne eines Querschnittsthemas an zahlreichen Stellen angesprochen, so bei der Armutsbekämpfung, bei den nicht nachhaltigen Produktions- und Konsummustern oder bei der Behandlung der Globalisierung.

Herausforderungen

In der globalisierten Wirtschaft sehen sich die Unternehmen zunehmendem Druck ausgesetzt, sich über ihre wirtschaftlichen, sozialen und ökologischen Wirkungen auszuweisen. Es gibt Hinweise, dass die Ausrichtung auf eine dreidimensionale Nutzenoptimierung («Triple Bottom Line») den Unternehmen Vorzüge bei Finanzierung, bei Versicherungen, im Marketing usw. verschafft.
Unternehmen können die Nachhaltige Entwicklung durch ihr alltägliches, operatives Handeln fördern, indem sie bestehende Handlungsspielräume so nutzen, dass sie bei der Gestaltung ihrer Produkte und bei

ihren Produktionsprozessen auf möglichst geringe Belastungen bzw. möglichst grosse Mehrwerte in gesellschaftlicher und ökologischer Hinsicht achten. Beispiele dafür sind Firmen des Detailhandels, die freiwillig und ohne gesetzlichen Zwang den Absatz von biologischen Lebensmitteln oder von Produkten aus dem «fairen» Handel fördern, d.h. von Produkten, die ohne ausbeuterische Praktiken und mit positiven Auswirkungen für die soziale, wirtschaftliche und ökologische Entwicklung in den Ländern des Südens hergestellt wurden. Ein wichtige Rolle spielen dabei auch Labels wie Max Havelaar für Produkte des fairen Handels, FSC (Forest Stewardhip Council) für nachhaltig erzeugte Holzprodukte, MSC (Marine Stewardship Council) für Meeresprodukte aus nachhaltiger Produktion oder – als schweizerisches Label – die Bio-Knospe für biologisch erzeugte Nahrungsmittel. Sie erlauben es einerseits den Konsumenten, ihre Nachfrage gezielt auf Produkte aus verantwortungsbewusster Produktion zu lenken, aber auch den Unternehmen, sich durch entsprechende Sortimentsgestaltung gegenüber der Kundschaft zu profilieren.

Um dem nachhaltigen Handeln Regeln, aber auch Legitimität zu verschaffen, sind im Privatsektor verschiedene Regelwerke, Normen und Standards entstanden. Sie folgen in der Regel dem Ansatz der Selbstregulierung der Wirtschaft und weisen keine unmittelbare Rechtskraft auf. Zum Teilbereich des Umweltmanagements bestehen mit der Norm ISO 14001 der Internationalen Standardisierungs-Organisation seit 1996 weltweit gültige Kriterien. Wer diese Anforderungen erfüllt und zertifizieren lässt, gewinnt bei Kunden, Lieferanten, Mitarbeitern, Behörden, Investoren und der Gesellschaft an Vertrauen. Er kann darlegen, dass sein umweltschonendes Verhalten in seinen Unternehmensprozessen integriert ist, auf Eigeninitiative und Selbstverpflichtung beruht und zu besseren Ergebnissen führt. EMAS (Environmental Management and Audit Scheme) ist eine weiter reichende Variante der Europäischen Union von ISO 14001 und bezweckt ebenfalls, die Unternehmen zu befähigen, ihre Umweltleistungen zu evaluieren, zu kommunizieren und zu verbessern.

Im Bereich der sozialen Dimension der Nachhaltigen Entwicklung gibt es seit 1998 die Norm SA 8000 (Standard for Social Accountability). Sie wurde von der Nichtregierungsorganisation «Council for Economic Priorities» entwickelt. SA 8000 setzt und kontrolliert soziale Mindeststandards für produzierende Unternehmen und ist für die Zertifizierung von Fabrikationsstätten weltweit verantwortlich. Forderungen von SA 8000 sind u.a. ein Verbot von Kinder- und Zwangsarbeit, Verbot von Rassen-, Geschlechts- und Religionsdiskriminierung, das Recht auf Vereinigungsfreiheit, auf Organisation in Gewerkschaften und kollektive Lohnverhandlungen, oder die Garantie von existenzsichernden Löhnen. Der SA 8000-Standard will die soziale Verantwortung gegenüber Mitarbeitern, Lieferanten, Kunden und der Gesellschaft festlegen. Er dient der Kennzeichnung von umweltschonend und sozial fair hergestellten Produkten gegenüber solchen Produkten, die die Umwelt ausbeuten und Arbeits- und Lebensbedingungen der Menschen ignorieren. Zur Überprüfung werden die Beschäftigten systematisch befragt und die ausserbetrieblichen Interessengruppen, wie Gewerkschaften und Nichtregierungsorganisationen, einbezogen. Auch die Internationale Standardisierungs-Organisation entwickelt mit ISO 26000 eine Norm für das sozialverantwortliche Handeln von Unternehmen, deren Publikation für 2008 geplant ist.

Einen alle Dimensionen der Nachhaltigen Entwicklung umfassenden Ansatz auf globaler Ebene, der primär auf grosse multinationale Unternehmen ausgerichtet ist, stellt der «Global Compact» der UNO dar. Der Generalsekretär der Vereinten Nationen, Kofi Annan, schlug während des Weltwirtschaftsforums 1999 in Davos erstmals den Abschluss eines «Global Compact» – eines weltumspannenden Paktes – vor. Er forderte die Wirtschaftsvertreter in aller Welt auf, sich für den Aufbau sozialer und ökologischer Eckpfeiler zur Abstützung der globalen Wirtschaft zu engagieren und dafür Sorge zu tragen, dass die Globalisierung allen Menschen dieser Erde zugute kommt. Inzwischen beteiligen sich weltweit mehr als 1400 Unternehmen sowie Arbeitnehmer-, Menschenrechts-, Umwelt- und Entwicklungsorganisationen. Der «Global Compact» ist kein ordnungspolitisches Instrument, sondern eine Plattform, deren Ziel die Förderung institutionellen Lernens ist. Sie soll Transparenz und einen Dialog schaffen, um gute Verhaltensweisen, die sich auf weltweit gültige Grundprinzipien stützen, aufzuzeigen und zu verbreiten. Der Pakt umfasst zehn Prinzipien, die sich aus der allgemeinen Erklärung der Menschenrechte, der Erklärung über die grundlegenden Prinzipien und Rechte bei der Arbeit der Internationalen Arbeitsorganisation (ILO) und den Grundsätzen der Erklärung von Rio zu Umwelt und Entwicklung ableiten und die Bereiche Menschenrechte, Arbeitsnormen, Umweltschutz sowie Korruptionsbekämpfung betreffen (Tabelle 13).

Menschenrechte	
Prinzip 1:	Unterstützung und Respektierung der internationalen Menschenrechte im eigenen Einflussbereich
Prinzip 2:	Sicherstellung, dass sich das eigene Unternehmen nicht an Menschenrechtsverletzungen beteiligt
Arbeitsnormen	
Prinzip 3:	Wahrung der Vereinigungsfreiheit und wirksame Anerkennung des Rechts zu Kollektivverhandlungen
Prinzip 4:	Abschaffung jeder Art von Zwangsarbeit
Prinzip 5:	Abschaffung der Kinderarbeit
Prinzip 6:	Beseitigung der Diskriminierung bei Anstellung und Beschäftigung
Umweltschutz	
Prinzip 7:	Unterstützung eines vorsorgenden Ansatzes im Umgang mit Umweltproblemen
Prinzip 8:	Ergreifung von Schritten zur Förderung einer grösseren Verantwortung gegenüber der Umwelt
Prinzip 9:	Hinwirkung auf die Entwicklung und Verbreitung umweltfreundlicher Technologien
Korruptionsbekämpfung	
Prinzip 10:	Selbstverpflichtung, Korruption in allen Formen, einschliesslich Erpressung und Bestechlichkeit, entgegenzutreten.

Tab. 13: Die zehn Prinzipien des Global Compact

Mit der zunehmenden Globalisierung der Märkte bedarf es auch einer vermehrten Globalisierung der Übernahme sozialer Verantwortung durch die Unternehmen. Für Firmen wird es geschäftspolitisch immer sinnvoller, universelle Prinzipien und Werte als wesentliche Bestandteile in ihre unternehmerischen Strategien und ihr Handeln einzubinden. Kundschaft, Mitarbeitende, Medien und Investoren fordern dies zunehmend. Dabei kann der «Global Compact» kein Ersatz für staatliche Massnahmen und staatliches Engagement sein, sondern den Unternehmen die Möglichkeit bieten, in ihrem eigenen Interesse eine führende Rolle bei der Gestaltung der Globalisierung zu übernehmen.

Immer mehr Unternehmen orientieren auch ihre Kommunikation nach aussen am Nachhaltigkeitsprinzip, indem Nachhaltigkeitsberichte publiziert werden, welche die drei Dimensionen Umwelt, Wirtschaft und Gesellschaft abdecken. Einen internationalen Rahmen dafür bildet die «Global Reporting Initiative» (GRI), welche einen Kriterienraster für die Nachhaltigkeitsberichterstattung definiert. Die GRI hat das Ziel, einen weltweit anwendbaren Standard für Nachhaltigkeitsberichte zu entwickeln. Sie wurde 1997 von der «Coalition for Environmentally Responsible Economies» (CERES) in Zusammenarbeit mit dem Umweltprogramm der UNO (UNEP) ins Leben gerufen. An der Weiterentwicklung der GRI sind ausserdem Unternehmen, Nichtregierungsorganisationen, Universitäten, Wirtschaftsverbände und andere Anspruchsgruppen beteiligt. Die GRI gibt einen periodisch aktualisierten Leitfaden heraus, der Unternehmen ermöglichen soll, systematisch über die ökologischen, wirtschaftlichen und sozialen Auswirkungen ihrer Aktivitäten und Produkte zu berichten.

Umsetzung in der Schweiz

Schweizer Unternehmen zählten schon früh zu den Vorreitern in Bezug auf privatwirtschaftliches Nachhaltigkeitsengagement. Der Schweizer Unternehmer Stephan Schmidheiny gründete im Jahr 1991 den «World Business Council for Sustainable Development» (WBCSD) und nahm aktiven und konstruktiven Einfluss auf die Rio-Konferenz sowie zehn Jahre später auf den Johannesburg-Gipfel (Schmidheiny 1992, Holliday / Schmidheiny / Watts 2002). Die Schweiz beherbergt in Genf den WBCSD und verfügt mit der national ausgerichteten Vereinigung für ökologisch bewusste Unternehmensführung (ÖBU) über eine engagierte und kompetente Organisation, die die Nachhaltigkeitsbestrebungen des Privatsektors unterstützt und stärkt.

Viele Schweizer Unternehmen engagieren sich für nachhaltige Produkte und Produktionsprozesse; so sind die grössten Detailhandelsfirmen auch die grössten Förderer des Absatzes von Labelprodukten. ISO 14001 ist in der Schweiz weit verbreitet. Ende 2005 waren in der Schweiz beinahe 1600, weltweit rund 89'000 Unternehmen zertifiziert. Im Vergleich zu Ländern ähnlicher Grössenordnung weist die Schweiz damit eine überdurchschnittliche Durchdringung auf. Auch bei SA 8000 engagieren sich bereits mehrere Schweizer Unternehmen, insbesondere aus dem Textilsektor. Am «Global Compact» sind die meisten grossen Schweizer Unternehmen beteiligt, darunter namhafte Firmen wie UBS, Credit Suisse, Holcim oder Nestlé. Daneben engagieren sich Schweizer Unternehmen auch in mehr sektoral ausgerichteten Initiativen, wie dem Verhaltenskodex «Clean Clothes Campaign (CCC)» der Textilbranche, der «Business Social Compliance Initiative (BSCI)», die in erster Linie auf den Detailhandel zielt, oder der «Responsible Care»-Initiative der chemischen Industrie. In Schweizer Firmen ist auch das Nachhaltigkeitsreporting inzwischen weit verbreitet, die meisten Grossunternehmen und viele Klein- und Mittelunternehmen setzen dieses Kommunikationsmittel unterdessen ein.

Allerdings stehen die Unternehmen heute im harten Wettbewerb und können sich für die Nachhaltige Entwicklung nur soweit engagieren, als ihnen daraus mittelfristig Vorteile oder zumindest keine grösseren Nachteile erwachsen. Solange die politischen Rahmenbedingungen sozial fragwürdiges und umweltschädigendes Handeln und daher Kostenabwälzungen auf die Allgemeinheit erlauben, werden Unternehmen, die sich solcher Praktiken bedienen, bevorteilt sein. Nachhaltige Praktiken im quantitativ ausschlaggebenden Sektor der Klein- und Mittelbetriebe voranzutreiben, stellt dabei eine besondere Herausforderung dar, weil diese bei Fehlverhalten weniger so genannten Reputationsrisiken ausgesetzt sind als die «Global Players». Für einen wirklichen und durchgreifenden Kurswechsel sind daher die Rahmenbedingungen national und international zu verändern. Wie der Widerstand von Teilen der Wirtschaft gegen die Einführung einer CO_2-Abgabe in der Schweiz exemplarisch zeigt (vgl. Unterkapitel 5.1), ist die Unterstützung des Privatsektors bzw. seiner Interessenvertretungen auf dem Weg zu einem vermehrt nachhaltigkeitsorientierten ordnungspolitischen Rahmen nicht immer gewiss.

6 Nachhaltigkeitsevaluation

Soll der Weg in Richtung Nachhaltigkeit zielstrebig verfolgt werden, so ist es unerlässlich, beurteilen und aufzeigen zu können, wo man auf diesem Weg steht, welche Fortschritte erreicht werden und wo es weiteren Handlungsbedarf gibt. Dazu braucht es geeignete Beurteilungsmethoden und Messgrössen. Schon die Agenda 21 forderte die Staaten auf, Nachhaltigkeitsindikatoren und Beurteilungsinstrumente zu entwickeln. Dieser Auftrag wurde am Weltgipfel von Johannesburg erneuert. Nachfolgend sollen zunächst die verschiedenen methodischen Ansätze und anschliessend die in der Schweiz angewandten vorgestellt werden.

6.1 Instrumente und Methoden der Nachhaltigkeitsevaluation

Heute bestehen Instrumente und Methoden für die folgenden unterschiedlichen Anwendungsebenen:

- *Beurteilung auf der strategischen Ebene der Gesamtpolitik:* Hier wird die Frage gestellt, wie ein Gemeinwesen – ein Land, ein Kanton oder eine Stadt – insgesamt bezüglich Nachhaltiger Entwicklung steht. Dafür werden heute meist Nachhaltigkeitsindikatoren eingesetzt, seien es Indikatorensysteme mit einer grösseren Zahl von Indikatoren zur Beschreibung von Einzelphänomenen, seien es synthetische Indikatoren, die die Beurteilung auf einen oder wenige Indizes verdichten. Ferner werden auf nationaler Ebene auch Anstrengungen zur Verbesserung und Anpassung der Volkswirtschaftlichen Gesamtrechnung unternommen.
- *Beurteilung von Politiken, Programmen, Konzepten und Einzelprojekten:* Hier wird die Frage gestellt, wie nachhaltig einzelne sektorale Programme, Konzepte, Pläne oder Einzelvorhaben sind. Dafür sind Instrumente und Methoden der Nachhaltigkeitsbeurteilung entwickelt worden.
- *Beurteilung von Prozessen:* Hier wird die Frage gestellt, wie nachhaltig Prozesse wie z.B. Lokale Agenden 21, Raumplanungsprozesse und dergleichen sind. Hier treten neben die inhaltlichen Fragestellungen solche bezüglich des Vorgehens, der Qualität des Einbezugs von Betroffenen usw. Auch für diesen Zweck sind Beurteilungsmethoden entwickelt worden.

Beurteilung auf strategischer Ebene

Indikatorensysteme

Für Lageanalysen und die Beobachtung von zeitlichen Entwicklungen werden Indikatoren, meist aber komplexere Indikatorensysteme eingesetzt. Ein Indikator ist ein «Anzeiger», ein messbarer (Ersatz-)Sachverhalt, der im Hinblick auf ein ausgewähltes Phänomen (Indicandum) Aussagekraft besitzt. Indikatoren haben zur Aufgabe, Komplexität zu reduzieren und nicht «direkt» messbare Sachverhalte abzuschätzen.

Indikatorensysteme dienen üblicherweise einem der drei Zwecke Monitoring, Controlling oder Evaluation. Der Begriff Monitoring wird als Synonym für die laufende Beobachtung verwendet. Monitoring erhebt systematisch und breit Informationen zur Entwicklung eines Beobachtungsgegenstandes. Dadurch können problematische Entwicklungen frühzeitig erkannt werden. Eine andere Bedeutung hat der Begriff des Controllings. Dessen Wurzeln liegen in der Betriebswirtschaft, wo es als Instrument einer zielorientierten Unternehmensführung im Regelkreis von Planung, Umsetzung, Kontrolle und (Gegen-) Steuerung definiert ist. Eine laufende und in einem Reportingsystem dokumentierte Analyse der Abweichung von den Zielen bildet die Grundlage für Massnahmen zur Gegensteuerung. «Controlling» meint nicht «Kontrolle», sondern entspricht eher dem Sinn der Übersetzung von «to control» (= «führen», «steuern»). Dabei grenzt sich das Controlling nur fliessend vom Begriff der Evaluation ab, der vom lateinischen Wort «valor», d.h. «Wert» stammt und «Bewertung» bedeutet. In seinem weitesten Wortsinn beschreibt der Begriff Evaluation den Prozess der Beurteilung eines Untersuchungsgegenstandes. Die allgemein anerkannten sozialwissenschaftlichen Definitionen von «Evaluation» unterstreichen die systematische Anwendung wissenschaftlicher Forschungsmethoden zur Beurteilung der Konzeption, Ausgestaltung, Umsetzung und des Nutzens von politischen Aktivitäten und Programmen.

In vielen Ländern sind mittlerweile Indikatorensysteme entwickelt worden, die bezwecken, das komplexe Phänomen der Nachhaltigen Entwicklung mit einer Vielzahl von Messgrössen zu erfassen. Es ist eine ganze Palette unterschiedlicher Indikatorentypen denkbar:

- «State»-Indikatoren: Ist-Anzeiger,
- «Pressure»-Indikatoren: Veränderungsursachen-Anzeiger,

- «Rate»-Indikatoren: Veränderungsgeschwindigkeits-Anzeiger,
- «Impact»-Indikatoren: Wirkungs-Anzeiger,
- «Response»-Indikatoren: Massnahmen-Anzeiger,
- Orientierungsindikatoren: Soll-Anzeiger,
- Erfolgsindikatoren: Erfolgs-Anzeiger,
- Objektive Indikatoren: beschreiben Sachverhalte, die in direkt messbare Grössen übersetzt werden können,
- Subjektive Indikatoren: beschreiben Sachverhalte aufgrund individueller Einschätzungen von Betroffenen.

Auf internationaler Ebene wird seit längerem eine intensive Debatte über Nachhaltigkeitsindikatoren geführt. Die UNO-Kommission für Nachhaltige Entwicklung hat schon in den 1990er Jahren Orientierungen gegeben (United Nations 1996). Einen grossen Einfluss auf die Entwicklung von Indikatorensystemen hatten auch die so genannten «Bellagio-Prinzipien», die vom International Institute for Sustainable Development formuliert wurden. Die zehn Prinzipien setzen Standards für die Bewertung von Indikatorensystemen sowie auch für die Beurteilung von Projekten fest (IISD 1997).

Heute werden speziell auch bei der OECD (2000, 2002b, 2005a und b) und in der Europäischen Union wichtige Fachbeiträge generiert. Es wird Erfahrungsaustausch betrieben und auf Verbesserungen an den nationalen Nachhaltigkeitsindikatorensystemen hingearbeitet. Eine Vereinheitlichung der Indikatorensysteme ist bislang allerdings noch nicht eingetreten. In einzelnen Staaten gliedern sich die Indikatorensysteme nach den drei Nachhaltigkeitsdimension oder Kapitalstöcken. Einige beschränken sich auf die Umschreibung verschiedener Merkmale der Dimensionen, einige thematisieren bewusst auch die Schnittstellen (z.B. Wirtschaft/Umwelt: Umwelteffizienz; Wirtschaft/Soziales: Verteilungsgerechtigkeit; Umwelt/Soziales; Auswirkungen des sozialen und demografischen Wandels auf die Umwelt). Andere Staaten gliedern ihre Indikatorensysteme nach Postulaten der Nachhaltigen Entwicklung, wiederum andere richten sie auf die Themenfelder ihrer nationalen Nachhaltigkeitsstrategien aus. Die Systeme unterscheiden sich auch in Bezug auf den Zweck (Monitoring bzw. allgemeine Lageanalyse; Controlling bzw. Steuerung der Umsetzung der nationalen Nachhaltigkeitsstrategie; Evaluation der Nachhaltigkeitsstrategie). Auch in Bezug auf verwendete Indikatorentypen gibt es viele Schattierungen. Im

Übrigen reflektieren die Indikatorensysteme häufig nationale Besonderheiten geographischer, wirtschaftsstruktureller oder politischer Art.

Synthetische Indikatoren

Im Gegensatz zu Indikatorensystemen, die die Nachhaltige Entwicklung über die getrennte Beschreibung verschiedener Einzelphänomene zu erfassen versuchen, wollen synthetische Indikatoren die Nachhaltige Entwicklung entweder durch Aggregation von Teilindikatoren oder über – möglicherweise sehr komplexe – Berechnungsformeln auf einen oder wenige Werte reduzieren. Synthetische Indikatoren zielen vor allem darauf, ihre Untersuchungsobjekte – meist Länder – zu rangieren.

In Unterkapitel 2.2 wurde bereits auf die synthetischen Indikatoren hingewiesen, die von der Internationalen Naturschutz-Union (IUCN) mit der Studie «Wellbeing of Nations» in die Öffentlichkeit gebracht wurden (Prescott-Allen 2001). «Wellbeing of Nations» versucht, indikatorengestützt die menschliche (Human Wellbeing) und die Biosphäre (Ecosystem Wellbeing) zu erfassen. In den «Human Wellbeing Index» (HWI) fliessen 36 Indikatoren aus den Bereichen Gesundheit und Bevölkerung, Wohlstand, Wissen und Kultur, Gemeinschaft und Verteilung ein, in den «Ecosystem Wellbeing Index» (EWI) 51 Indikatoren aus den Bereichen Land, Wasser, Luft, Artenvielfalt, Ressourcenverbrauch. Mittels eines so genannten «Wellbeing Index» (WI) werden die menschliche und die Biosphäre in Beziehung gesetzt. Der WI stellt den Durchschnitt von HWI und EWI dar. Damit wird eine Aussage darüber ermöglicht, wie gut es Ländern gelingt, gesellschaftliche Entwicklung und Erhalt der Umweltqualität zu kombinieren. «Wellbeing of Nations» bildet als weiteren Gesamtindex einen so genannten «Wellbeing/Stress Index» (WSI), der das Verhältnis von Human Wellbeing zu Umweltstress (dem Gegenteil von Ecosystem Wellbeing) darstellt und aufzeigt, wie viel Schaden eine Gesellschaft der Umwelt bezogen auf ihr Entwicklungsniveau zufügt.

Die Rangliste beim WI gemäss den Berechnungen von Prescott-Allen (2001) wird von den skandinavischen Ländern Schweden, Finnland, Norwegen angeführt. Die Schweiz nimmt den siebten Platz ein. Die am schlechtesten platzierten Länder sind Afghanistan, Syrien und Irak. «Wellbeing of Nations» verwendet zur Visualisierung eine zweidimensionale graphische Darstellungsform, die «Barometer of Sustainability» genannt wird. In den beiden Dimensionen Human und Ecosystem Wellbeing wird die Position von Ländern in Bezug auf den «Wellbeing Index» graphisch eingetragen (Schnittpunkt von HWI und EWI). Auf der Skala des «Wellbeing Index» werden fünf «Nachhaltigkeitsstufen» unterschieden, von denen nur die höchste über das Prädikat «nachhaltig» verfügt. Auch die bestplatzierten Länder sind recht weit von diesem Niveau entfernt.

Der «ökologische Fussabdruck» ist ein synthetischer Nachhaltigkeitsindikator, der die Frage nach dem Verhältnis zwischen menschlicher Beanspruchung der Natur und deren Erneuerungsfähigkeit beantwortet. Er vergleicht unseren Verbrauch der natürlichen Dienstleistungen der Erde mit deren Fähigkeit, diese auf Dauer zu gewährleisten (Wackernagel / Rees 1996, Chambers / Simmons / Wackernagel 2000). Er summiert die verschiedenen Ressourcen, die eine bestimmte Bevölkerung verbraucht, und drückt sie in Einheiten an produktivem Land aus, die nötig wären, um diese Ressourcen auf dauerhafte, erneuerbare Weise bereitzustellen. Der ökologische Fussabdruck wird in so genannten «globalen Hektaren» ausgedrückt; eine globale Hektare ist eine Hektare biologisch produktiver Fläche mit einer weltweit durchschnittlichen Produktivität. Der ökologische Fussabdruck setzt sich aus folgenden Flächenkomponenten zusammen:

- *Energiefläche* zum Ausgleich für die Verwendung fossiler Energie,
- *Siedlungsfläche* z.B. für Häuser, Verkehrs- und Produktionsflächen,
- *Ackerland* für die Erzeugung von pflanzlichen Nahrungs- und Futtermitteln, aber z.B. auch Textilfasern,
- *Weideland* für das Vieh und alle Produkte, die von ihm stammen,
- *Wald* für Bauholz und Papierrohstoff, sowie
- *Meeresfläche,* aus der wir uns mit Meeresprodukten versorgen.

Im Jahr 2001 stand weltweit pro Person eine Biokapazität von 1,80 globalen Hektaren zur Verfügung. Der durchschnittliche Fussabdruck pro Person betrug 2,20 globale Hektaren. Die Überbeanspruchung der globalen Biokapazität durch die Menschheit («Overshoot») belief sich damit auf rund 20%. Der ökologische Fussabdruck pro Person lag in den USA bei rund 9,50 globalen Hektaren, in der Schweiz bei rund 5,30 globalen Hektaren. Angesichts der Dynamik in der Welt und zunehmenden Ressourcenansprüchen in den Ländern des Südens muss als Schlussfolgerung aus den aktuellen Fussabdruckzahlen bis in die Mitte des Jahrhun-

derts in entwickelten Ländern die Produktivität der Nutzung natürlicher Ressourcen um Faktoren zwischen vier und zehn wachsen.
Im Zusammenhang mit der Nachhaltigen Entwicklung spielt auch der «Human Development Index» (HDI) eine wichtige Rolle, mit dem der Stand der menschlichen Entwicklung in den Ländern der Welt verdeutlicht werden soll. Der HDI, der sich nur auf die sozio-ökonomische Dimension beschränkt und die Umweltdimension ausschliesst, wird jährlich im «Human Development Report» (HDR) veröffentlicht, welchen das Entwicklungsprogramm der Vereinten Nationen (UNDP) herausgibt. Anders als Ländervergleiche von Institutionen wie der Weltbank berücksichtigt er nicht nur das Bruttoinlandprodukt (BIP) pro Einwohner eines Landes, sondern ebenso die Lebenserwartung und den Bildungsgrad mit Hilfe der Alphabetisierungsrate der Bewohner. Der Faktor Lebenserwartung gilt dabei als Indikator für die Gesundheitslage und die Ernährung; das Bildungsniveau steht für erworbene Kenntnisse, und das BIP für einen angemessenen Lebensstandard. Für alle drei Aspekte werden Teilindizes bestimmt. Die Rangliste gemäss HDI wird seit einigen Jahren von Norwegen angeführt, die Schweiz lag 2004 auf dem elften Rang. Am Schluss finden sich Länder wie Burkina Faso, Niger und Sierra Leone.
Der HDI und der ökologische Fussabdruck erlauben in Kombination interessante Aussagen. In Abbildung 13 sind für die Länder sowohl der ökologische Fussabdruck als auch der HDI abgebildet. Beim Fussabdruck ist als Gliederungslinie die globale Biokapazität von 1,80 globalen Hektaren eingetragen, deren Respektierung aus Nachhaltigkeitsperspektive anzustreben ist. Beim HDI gibt der Wert von 0,80 die Minimalbedingung für ein menschenwürdiges Leben an. Nachhaltigkeit wäre im Feld unten rechts mit einem HDI über 0,80 und einem ökologischen Fussabdruck unter 1,80 globale Hektaren pro Kopf gegeben. Tatsächlich liegen jedoch die Entwicklungsländer innerhalb der ökologischen, aber auch unter der sozio-ökonomischen Nachhaltigkeitsschwelle. Die Schwellenländer erhöhen parallel zu einem verbesserten HDI ihren Fussabdruck über die Nachhaltigkeitsschwelle, und in Industrieländern werden die hohen HDI-Werte von Werten des ökologischen Fussabdruckes begleitet, die um ein Vielfaches über dem nachhaltigen Niveau liegen.

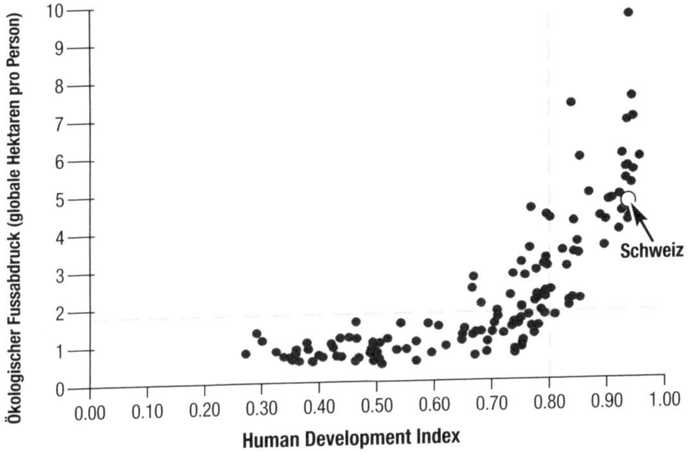

Abb. 13: Ökologischer Fussabdruck und Human Development Index (Global Footprint Network)

Ein viel beachteter Index, der wiederum auf die Umweltthematik fokussiert ist und Länder nach deren Umweltsituation rangiert, ist der «Environmental Sustainability Index» (ESI). Der ESI ist ein aus 21 Indikatoren zusammengesetzter Index, der vom «Environmental Performance Measurement Project» der Yale-Universität in Zusammenarbeit mit dem «Center for International Earth Science Information Network» (CIESIN) an der Columbia-Universität und dem World Economic Forum (WEF) erstellt wird (Yale Center / CIESIN 2005). Der Satz aus 21 Indikatoren umfasst sozio-ökonomische, umwelt- und institutionenbezogene Aspekte, darunter: Luft-, Wasser-, Bodenqualität, Biodiversität, Flächennutzung, Schadstoffreduktion, Treibhausgasemissionen, Umweltengagement, Öko-effizienz, Umweltkatastrophenschutz, Forschung und Wissenschaft. Die Indikatoren werden jeweils operationalisiert über bis zu sechs Variablen, insgesamt 76, die durch eine Zahl bewertet werden und aus deren Verrechnung sich der ESI-Wert als zusammengesetzter Index ergibt. Die ESI-Werte der getesteten Länder werden jährlich in einem Bericht veröffentlicht. Die ersten Ränge wurden 2005 von Finnland, Norwegen, Uruguay, Schweden und Island belegt. Die Schweiz belegte Platz 7. Die untersten Ränge belegen Nordkorea, Irak, Taiwan, Turkmenistan und Usbekistan.

Der ESI ermöglicht eine Reihe interessanter Schlussfolgerungen. Das Pro-Kopf-Einkommen ist z.B. ein kritischer Faktor für Umweltbelange, aber nicht der einzige bedeutende Einflussfaktor: Auf allen Einkommensstufen gibt es Länder, die ihre Umweltprobleme effektiver angehen als andere. Dies verdeutlicht auch die Bedeutung von guter Regierungsführung im internationalen Vergleich: offene politische Debatten, eine freie Presse, und ein geringer Grad von Korruption und Gesetzlosigkeit korrelieren signifikant mit positiven Umweltresultaten. Der ESI demonstriert, dass Umweltschutz nicht zulasten wirtschaftlicher Wettbewerbsfähigkeit gehen muss. Das beim ESI bestplatzierte Finnland und die auf dem 45. Platz rangierten USA sind in rein wirtschaftlicher Optik ähnlich wettbewerbsfähig. Die Analyse des ESI zeigt ausserdem, dass Industrienationen und Entwicklungsländer klar unterscheidbaren Problemen gegenüberstehen: Während bei ersteren der Ressourcenverbrauch als Folge hohen Konsumniveaus im Zentrum steht, haben letztere mit mangelnder Infrastruktur zum erfolgreichen Management von lokalen Umweltproblemen, z.B. in den Bereichen Luftreinhaltung, Wasser und Abfälle, zu kämpfen.

Anpassungen der Volkswirtschaftlichen Gesamtrechnung
Neben Indikatorensystemen und synthetischen Indikatoren sind immer wieder Versuche unternommen worden, die Nachhaltige Entwicklung über Anpassungen oder Weiterentwicklungen der Volkswirtschaftlichen Gesamtrechnung zu erfassen. Ausgangspunkt ist die Kritik am Bruttoinlandprodukt (BIP). Das BIP als zentrale, anerkannte Grösse misst die wirtschaftliche Produktion einer Gesellschaft. Die jährliche Steigerung des BIP könnte nun suggerieren, es gehe uns immer besser. Nur lässt sich mit dem BIP über die Wohlfahrt einer Gesellschaft wenig aussagen. Immer grössere Anteile der Produktion werden nämlich in Bereichen gebunden, die lediglich zur Reparatur entstandener Schäden oder der Erhaltung des Status quo dienen. Es unterscheidet nicht zwischen positiven und negativen Wohlfahrtsbeiträgen. Unfälle im Verkehr beispielsweise fliessen über die ausgelösten ärztlichen Leistungen positiv in das BIP ein. Gleiches gilt für Ausgaben zur Sanierung von Umweltschäden. Andererseits werden Wohlfahrtsbeiträge, die am Markt vorbeigehen, wie die unbezahlte Hausarbeit oder Schwarzarbeit ausgeklammert. Ein Ansteigen des BIP suggeriert unter Umständen fälschlich einen Wohlstandsgewinn.

Möglicherweise vermindern sich die Güter und Dienstleistungen, die für individuelle Konsumzwecke zur Verfügung stehen, seit Jahren stetig.
Ein Korrekturversuch besteht darin, die herkömmliche Volkswirtschaftliche Gesamtrechnung punktuell durch so genannte «Satellitenkonten» zu ergänzen, welche aus Nachhaltigkeitssicht wichtige Phänomene zur Darstellung bringen, wie z.B. die während eines Jahres getätigten Umweltschutzausgaben oder den Umfang der Umweltschutzindustrie.
Ferner gibt es Versuche, das BIP grundlegend zu reformieren bzw. gesamthaft zu korrigieren. Darauf zielen die ähnlich gelagerten Konzepte des «Index of Sustainable Economic Welfare» (ISEW) und des «Genuine Progress Indicators» (GPI). Diese Konzepte setzen an den zentralen Kritikpunkten des BIP an. Als wohlstandsvermehrend werden nicht nur marktgängige Grössen – wie dies im BIP geschieht – erhoben, sondern auch beispielsweise die im Haushalt erbrachten Leistungen erfasst. Soziale und ökologische Defensivkosten, etwa jene zur Reparatur von Umweltschäden, werden hingegen abgezogen. Ferner wird die Frage der Verteilung von Arbeit und Einkommen als wohlstandsrelevant betrachtet und miteinbezogen. Um das Beispiel des GPI herauszugreifen, werden folgende Faktoren zum BIP hinzugezählt (Redefining Progress 2004):

- Wert von unbezahlter Hausarbeit, Betreuungsleistungen und Freiwilligenarbeit.
- Wert der Dienstleistungen von dauerhaften Konsumgütern.
- Wert der Leistungen, die von Verkehrsinfrastrukturen bereitgestellt werden.

In Abzug werden folgende Aspekte gebracht:

- Defensive Ausgaben: Diese sind definiert als Haushaltausgaben, die notwendig sind, um das Niveau der Bedürfnisbefriedigung angesichts sich verschlechternder Lebensumstände aufrechtzuerhalten und durch Faktoren wie Kriminalität, Autounfälle oder Umweltverschmutzung bedingt sein können.
- Kosten im sozialen Bereich, wie Kosten infolge von Scheidungen, Kriminalität und Verlust an Freizeit; weiters wird ein Abzug für ungleiche Einkommensverteilung vorgenommen.
- Entwertung von Umweltgütern und natürlichen Ressourcen wie Landwirtschaftsland, fossile Energie oder Klimastabilität sowie Kosten des Pendelns.

Die ISEW- bzw. GPI-Berechnungen, die für einzelne Staaten, wie z.B. Österreich und die USA, nicht aber die Schweiz, durchgeführt wurden, lassen vermuten, dass der Wohlstand seit ca. 1980 möglicherweise nicht mehr gestiegen ist, stagniert oder sogar leicht abnimmt. Die Kritik an ISEW und GPI lautet allerdings, dass die erwähnten Korrekturposten schwierig und nicht werturteilsfrei zu treffender Annahmen bedürfen und eine internationale Vergleichbarkeit gerade deshalb, aber auch wegen der sehr heterogenen Datenlage anders als beim BIP kaum zu erreichen wäre.

Politik-, Programm- und Projektevaluation

Die bisher beschriebenen Evaluationsansätze dienen der Lagebeurteilung von Ländern oder anderen Gebietskörperschaften bzw. dem Monitoring der Nachhaltigen Entwicklung auf übergeordneter strategischer Ebene. Für die spezifischere Beurteilung von Vorhaben wie sektorpolitischen Programmen, von Gesetzgebungsvorschlägen oder von Einzelprojekten, wie z.B. Infrastrukturbauten, sind verschiedene Methoden und Instrumente entwickelt worden, die unter dem Begriff der Nachhaltigkeitsbeurteilung zusammengefasst werden können. Entsprechende Ansätze wurden im Zusammenhang mit der Landwirtschaftspolitik und der Verkehrspolitik bereits in Kapitel 5 angesprochen.

Ausgangspunkt für die Entwicklung von umfassend angelegten Nachhaltigkeitsbeurteilungen waren sektoral fokussierte Prüf- oder Beurteilungsmethoden. Die Umweltverträglichkeitsprüfung (UVP) dient der Prüfung der Konformität mit dem Umweltrecht von Vorhaben mit erheblichen umweltpolitischen Auswirkungen. Sie ist heute in vielen Ländern, auch in der Schweiz, rechtlich verankert. Die Strategische Umweltprüfung (SUP) ist eine Methode zur frühzeitigen Integration von Umweltanliegen in übergeordnete politische Planungen und Programme. Sie soll ein hohes Umweltschutzniveau und eine frühzeitige Eingliederung und Optimierung der Umweltaspekte in Planungen auf projektübergeordneter Ebene sicherstellen. Sie bezweckt zudem einen frühzeitigen Einbezug von Öffentlichkeit und Behörden, höhere Akzeptanz von Planungen, Verhinderung von Fehlplanungen und nachvollziehbare, transparente Entscheide in Umweltfragen. Die EU-Richtlinie über die Prüfung der Umweltauswirkungen bestimmter Pläne und Programme («SUP-Richtlinie») wurde im Jahr 2001 beschlossen. Sie ist seit 2004 in Kraft, gilt für die Mitgliedstaaten der EU und verpflichtet daher die Schweiz nicht. Zudem wurde im Rahmen der UNO-Wirtschaftskommission für Europa (UNECE) ein Protokoll zur SUP erarbeitet, dessen Ratifizierung durch die Schweiz zur Zeit der Abfassung dieses Buches noch aussteht.

Die Regulierungsfolgenabschätzung (RFA) ist ein zur SUP analoges Instrument, das die Beurteilung jedoch aus wirtschaftspolitischer Sicht vornimmt. Sie will vor allem auf die Kosten von staatlichen Regulierungen hinweisen, auf möglichst gute Kosten-Nutzen-Relationen und effiziente Regulierungen hinwirken. Der Fokus der RFA ist allerdings nicht eng betriebswirtschaftlich eingeschränkt, sondern schliesst alle volkswirtschaftlichen Kosten und Nutzen ein. In der RFA können beispielsweise auch externe Umweltkosten oder soziale Folgekosten von vorgesehenen Regulierungen thematisiert werden. Es besteht daher keine scharfe Trennung zu anderen Prüfansätzen wie der SUP.

Weitere Instrumente oder Methodenentwicklungen finden sich beispielsweise in der Energie- und der Gesundheitspolitik. Diese Aneinanderreihung von je für sich durchaus legitimen, insgesamt aber zur Last werdenden Prüfansätzen hat Anstrengungen zu einer vermehrten Integration ausgelöst. Dabei dient häufig das dreidimensionale Nachhaltigkeitsmodell als inhaltlicher Gliederungsraster. So hat die Europäische Kommission im Eigenbereich sämtliche sektoralen Prüfansätze zugunsten des so genannten «Impact Assessment» abgeschafft. Dabei handelt es sich um eine frühzeitige Folgenabschätzung von politischen Vorhaben nach dem Nachhaltigkeitsprinzip, indem systematisch die Folgen eines Vorhabens auf die drei Dimensionen Umwelt, Wirtschaft und Gesellschaft erfasst werden (European Commission 2002, 2005a und 2005b).

Die genannten Methoden sind strukturierte Vorgehensweisen zur Beurteilung von Vorhaben unterschiedlicher Art. Dabei ist durchaus denkbar, dass darin auch Indikatoren Verwendung finden. Diese werden zwar mit dem übergeordneten Nachhaltigkeitsgedankengut und den Indikatorensystemen auf der strategischen Ebene logisch verbunden, aber sektor- bzw. projektspezifisch konkretisiert sein müssen. Nachhaltigkeitsindikatoren im Verkehr oder in der Landwirtschaft müssen konkreter, themenbezogener sein als die allgemeinen Nachhaltigkeitsindikatorensysteme.

Prozessevaluation

Eine weitere Form von Nachhaltigkeitsevaluation fokussiert auf Prozesse, wie z.B. Lokale Agenden 21. Hier treten neben inhaltliche Beurteilungskriterien zusätzlich solche, die die Art und Weise der Prozessabwicklung betreffen. Es werden dabei Fragen nach der Qualität der Mitwirkung von betroffenen Akteurkreisen, der transparenten Kommunikation usw. gestellt. Als Beispiel ist das in der Europäischen Union entwickelte Beurteilungsinstrument «Local Evaluation 21» zu nennen, das lokalen Gebietskörperschaften helfen soll, die Qualität ihrer Lokalen Agenda 21 einzuschätzen und zu verbessern.

6.2 Realisierungen in der Schweiz

Die Schweiz ist auf allen Anwendungsfeldern der Nachhaltigkeitsevaluation, von der strategisch-politischen Ebene bis zur Prozessevaluation aktiv.

Beurteilung auf strategischer Ebene

Indikatorensysteme

Was Indikatorensysteme betrifft, wurde auf nationaler Ebene als Massnahme 21 der «Strategie Nachhaltige Entwicklung 2002» das Monitoring der Nachhaltigen Entwicklung MONET entwickelt (BFS / BUWAL / ARE 2003a und 2003b). Auf die eingangs zu diesem Kapitel aufgeführten möglichen Eigenschaften von Indikatorensystemen Bezug nehmend lassen sich die Charakteristiken von MONET wie folgt umschreiben:

- Zielsetzung: Monitoring,
- Politische Ebene: national,
- Inhaltliche Ausrichtung: Gesamtpolitik, Schweiz als Gesamtsystem,
- Indikatorentypen: zahlreiche Indikatortypen nach einem Modell, das Zustände, Veränderungen, Einflussfaktoren, Qualität der Bedürfnisbefriedigung und politische Reaktionen umfasst.

MONET misst und dokumentiert die aktuelle Lage und Entwicklung der Schweiz hinsichtlich der sozialen, wirtschaftlichen und ökologischen Aspekte der Nachhaltigen Entwicklung. Rund 130 Indikatoren zeichnen ein Bild der Nachhaltigen Entwicklung in der Schweiz. Die Indikatoren gliedern sich in 26 Themen, die von der sozialen Sicherheit und weiteren gesellschaftlichen Themen über solche wirtschaftlicher Ausrichtung, wie z.B. internationaler Handel, Wettbewerbsfähigkeit und Arbeit bis zu Umweltthemen wie Klima, Energie, Boden oder Wald reichen. Das Indikatorensystem ist systematisch aus der Definition der Nachhaltigen Entwicklung und davon abgeleiteten Postulaten hergeleitet. Jeder der Indikatoren bezieht sich auf ein oder mehrere Postulate. Mit einem Indikator soll geprüft werden, ob sich die Schweiz im Sinne des betreffenden Postulats entwickelt.

Als Auswahl besonders wichtiger Indikatoren wurden 17 so genannte Schlüsselindikatoren definiert, die ganz im Sinne von «Anzeiger» eine generelle Aussage über einen Themenbereich ermöglichen sollen (BFS / ARE / BUWAL 2005):

- Anteil der Personen mit hohem psychischem Wohlbefinden an der Wohnbevölkerung,
- Durchschnittliches monatliches Bruttoeinkommen der Haushalte,
- Gewaltdelikte,
- Anteil der Erwerbslosen an den Erwerbspersonen,
- Anteil Personen, die unter der Armutsgrenze leben,
- Öffentliche Entwicklungshilfe im Verhältnis zum Bruttovolkseinkommen,
- Lohnunterschiede zwischen Frauen und Männern,
- Lesefähigkeit der 15-Jährigen,
- Verschuldungsquote der öffentlichen Haushalte,
- Anteil Investitionen am Bruttoinlandprodukt,
- Anteil der in Wissenschaft und Technologie ausgebildeten und aktiven Personen an den Erwerbstätigen,
- Nutzungs- und Bedeckungsvielfalt des Bodens,
- Siedlungsfläche pro Kopf der Bevölkerung,
- Verkehrsleistungen im Güterverkehr im Verhältnis zum Bruttoinlandprodukt,
- Anteil des öffentlichen Verkehrs am Personenverkehr (Modal Split),
- Verbrauch fossiler Energien,
- Materialkonsum im Verhältnis zum Bruttoinlandprodukt.

MONET erhebt nicht den Anspruch auf eine abschliessende Antwort auf die Frage nach der Nachhaltigkeit der Schweiz. Basierend auf den MONET-Postulaten, welche die Marschrichtung hin zu einer Nachhaltigen Entwicklung festlegen, informieren sie ausschliesslich über die beobachteten Entwicklungen. Die wichtigsten Erkenntnisse aus dem MONET-Indikatorensystem werden in Unterkapitel 7.1 gewürdigt.

Indikatorensysteme werden auch in Kantonen und Städten eingesetzt. Solche Systeme sind in den letzten Jahren zunächst dezentral entstanden. Die meisten der engagierten Kantone und Städte haben sich ab 2003 unter der Leitung des Bundesamtes für Raumentwicklung (ARE) im «Cercle indicateurs» zusammengefunden, um ihre Systeme zu harmonisieren, da nur dadurch eine gegenseitige Vergleichbarkeit möglich ist (Cercle indicateurs 2005). Dabei wurden so genannte «Kernindikatoren der Nachhaltigen Entwicklung von Kantonen und Städten» definiert. Diese können wie folgt charakterisiert werden:

- Zielsetzung: Monitoring
- Politische Ebene: Kantone und Städte
- Inhaltliche Ausrichtung: Gesamtpolitik
- Indikatorentypen: verschiedene Indikatorentypen zur Beschreibung von Zuständen, Veränderungsraten, Qualität der Bedürfnisbefriedigung und politischen Reaktionen.

Die zentrale Aufgabe von Kernindikatoren ist die Beurteilung des aktuellen Standes und der zeitlichen Veränderung der Nachhaltigen Entwicklung auf einer strategisch-politischen Ebene. Die wichtigsten Produkte des «Cercle indicateurs» sind ein gemeinsamer Orientierungsrahmen für die Nachhaltige Entwicklung (klar definierte Zielbereiche; vgl. Tabelle 3) und eine gemeinsame Auswahl von rund 30 Kernindikatoren für Kantone und für Städte. Diese reichen vom Nitrat im Grundwasser (Umwelt) über Qualifikationsniveau (Wirtschaft) bis zu Gewaltdelikten (Gesellschaft). Die Indikatoren wurden im Jahr 2005 erstmals berechnet und werden künftig periodisch nachgeführt. Dank der Beteiligung zahlreicher Kantone und Städte wird überdies ein individuelles Stärken-Schwächen-Profil für die beteiligten Kantone und Städte sowie ein Quervergleich bzw. Benchmarking ermöglicht.

Synthetische Indikatoren

Die in Unterkapitel 6.1 beschriebenen synthetischen Indikatoren werden von internationalen Organisationen ermittelt und stehen auch schweizerischen Akteuren für Studien und politische Analysen zur Verfügung. Die schweizerischen Behörden sind jedoch nicht in besonderer Funktion an der Weiterentwicklung dieser Indikatoren beteiligt. Immerhin ist anzumerken, dass der ökologische Fussabdruck, der sich bezüglich der verwendeten Daten auf internationale Statistiken abstützt, einer Datenverifizierung aus nationaler Sicht unterzogen wurde, die eine hohe Übereinstimmung und Zuverlässigkeit der Fussabdruckzahlen belegte (Infras 2006). Dies wird eine breitere Anwendung des Konzeptes des ökologischen Fussabdruckes durch öffentliche und private Akteure begünstigen. Der Vollständigkeit halber ist zu ergänzen, dass verschiedene privatwirtschaftliche Akteure, insbesondere aus dem Finanzsektor, Nachhaltigkeitsindizes für Länder und Branchen führen, die als Grundlage für die Beurteilung von Investitionsrisiken dienen.

Anpassungen an der Volkwirtschaftlichen Gesamtrechnung
In der Schweiz gibt es bislang keine offiziellen Anwendungen von Konzepten wie ISEW oder GPI. Hingegen hat sie Umweltsatellitenkonten zur Volkswirtschaftlichen Gesamtrechnung entwickelt. Die Umweltkonten verfolgen das Ziel, die ökologische Dimension in die Volkswirtschaftliche Gesamtrechnung aufzunehmen, um die Kenntnis, das Verständnis und die politische Wahrnehmung der zunehmenden Interaktionen zwischen ökonomischen und ökologischen Bereichen zu verbessern. Das Bundesamt für Statistik (BFS) entwickelt gemäss internationaler Praxis die folgenden prioritären Konten:

- das umweltökonomische Konto zeichnet diejenigen umweltbezogenen Finanztransaktionen (Ausgaben für Umweltschutz, Umweltsteuern und -gebühren, Beschäftigte in der Ökoindustrie usw.) nach, welche in der Volkswirtschaftlichen Gesamtrechnung nicht explizit geschildert sind,
- das physische Konto zeigt die Materialflüsse, welche die Schweizer Wirtschaft durchlaufen, und den «Stoffwechsel» der Wirtschaft auf,
- das integrierte Konto stellt die erwünschten wirtschaftlichen Outputs (Wertschöpfung, Beschäftigte usw.) ihren unerwünschten umweltrelevanten Gegenstücken (Schadstoffemissionen, Abfälle usw.) gegenüber (nach Branchen).

Politik-, Programm- und Projektevaluation
In der «Strategie Nachhaltige Entwicklung 2002» erteilte der Bundesrat mit Massnahme 22 den Auftrag, ein Instrumentarium zu entwickeln, mit dem frühzeitig politische Vorhaben und Geschäfte unter dem Gesichtspunkt der Nachhaltigen Entwicklung beurteilt und optimiert werden können. In der Zwischenzeit hat das Bundesamt für Raumentwicklung (ARE) ein Konzept und methodische Grundlagen für die Durchführung von Nachhaltigkeitsbeurteilungen (NHB) auf der Stufe des Bundes erarbeitet (ARE 2004a).

Die NHB ist eine Beurteilungs- und Optimierungsmethode mit dem Ziel, die Nachhaltige Entwicklung integral und sektorübergreifend in politischen Planungen und Entscheiden zu stärken. Sie beurteilt die sozialen, ökonomischen und ökologischen Auswirkungen von politischen Vorhaben und Geschäften des Bundes auf Strategie-, Plan- und Programmebene. Sie legt Zielkonflikte offen und sucht möglichst frühzeitig nach Optimierungen. Im Zentrum der Methode steht die systematische Erfassung der direkten und indirekten, erwünschten und unerwünschten Wirkungen eines politischen Vorhabens. Erstes Ziel und Merkmal des Instrumentes ist die Schaffung von Transparenz durch eine nachvollziehbare und integrale Abschätzung bzw. Beurteilung der Wirkungen. Weiter geht es auch darum, Verbesserungs- und Optimierungsvorschläge zu entwickeln und Varianten ins Spiel zu bringen.

Das Rahmenkonzept postuliert drei zentrale Arbeitsschritte (vgl. Abbildung 14):

(1) Die Relevanzanalyse klärt auf einfache Weise die Nachhaltigkeitsrelevanz eines Vorhabens.

(2) Eine je nach Bedarf gröbere oder detailliertere Wirkungsanalyse untersucht die Wirkungen eines Vorhabens auf die drei Nachhaltigkeitsdimensionen und analysiert die Zielkonflikte.

(3) Die Beurteilung bewertet die ermittelten Wirkungen mithilfe spezifischer Kriterien, wie z.B. ob irreversible Entwicklungen ausgelöst werden. Abschliessend dokumentiert ein Bericht zuhanden der Entscheidungsträger auf verständliche und nachvollziehbare Weise die Optimierungsmöglichkeiten.

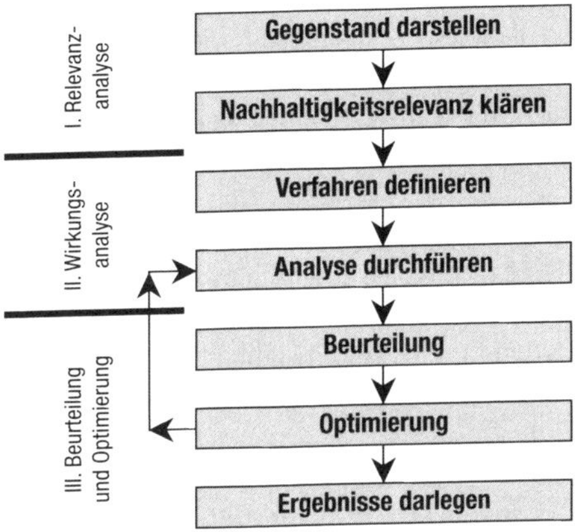

Abb. 14: Ablaufschema Nachhaltigkeitsbeurteilung (ARE 2004a)

Im Rahmen der NHB sollen die Geschäfte und Vorhaben anhand der 15 inhaltlichen Nachhaltigkeitskriterien aus der bundesrätlichen Nachhaltigkeitsstrategie oder anhand der etwas stärker ausdifferenzierten 27 Kriterien des Interdepartementalen Ausschusses Nachhaltige Entwicklung (IDANE) beurteilt werden (siehe Tabellen 1 und 2). Diese Kriterien gelten für den Fall, dass eine Sektorpolitik noch keine eigenen, sektorspezifischen Nachhaltigkeitskriterien und –indikatoren entwickelt hat. Dazu werden die Sektorpolitiken allerdings ermuntert, einige Sektorpolitiken wie die Agrar- oder die Verkehrspolitik sind dabei bereits weit fortgeschritten (siehe Unterkapitel 5.3 und 5.4). Ausgangsbasis für deren Ableitung sind die genannten allgemeinen Kriteriensets, mit denen die sektoralen kompatibel sein müssen.

Die Ermittlung von Wirkungen eines Vorhabens nach einem inhaltlichen Kriterienraster wird gemäss dem schweizerischen NHB-Rahmenkonzept ergänzt mit Vorgaben dazu, wie mit Zielkonflikten umzugehen ist und wie spezifische Einzelwirkungen zu bewerten sind. Gemäss dem schweizerischen Konzept werden negative Wirkungen auf die Nachhaltigkeitsdimensionen dann verstärkt als nicht oder wenig nachhaltig erachtet, wenn:

- soziale, wirtschaftliche und ökologische Minimalanforderungen verletzt werden,
- sie nur schwer oder gar nicht rückgängig gemacht werden können,
- sie nicht von der heutigen, sondern von zukünftigen Generationen getragen werden müssen,
- darüber Unsicherheiten bestehen oder sie mit Risiken behaftet sind, so dass starke negative Effekte nicht völlig ausgeschlossen werden können,
- sie Bereiche treffen, in denen bereits akute Nachhaltigkeitsprobleme bestehen oder in denen sich angesichts eines aktuellen Trends die Probleme verschärfen könnten.

Bisher hat der Bundesrat auf eine generelle Verbindlicherklärung von NHBs verzichtet. Vielmehr soll anhand von konkreten Anwendungen Praxiserfahrung gesammelt werden. Es sollen auch die Schnittstellen und Synergien zu bestehenden oder geplanten anderen Beurteilungsinstrumenten weiter analysiert werden. Dabei sind in erster Linie die Regulierungsfolgenabschätzung (RFA) und die Strategische Umweltprüfung (SUP) zu nennen. Während die RFA in der Schweiz bereits praktiziert wird, befindet sich die SUP erst in Abklärung, sie hat in der Schweiz noch keine Rechtskraft. Als EU-Nichtmitglied ist die Schweiz von der EU-Richtlinie zur SUP nicht betroffen und hat auch das UNECE-Protokoll in dieser Angelegenheit noch nicht ratifiziert.

Vor dem Hintergrund der noch fehlenden allgemeinen rechtlichen Verbindlichkeit wird die NHB-Methodik vor allem über zwei Wege weiter in der Anwendung vorangetrieben. Erstens wird sie bereits heute breit in der Agrar- und Verkehrspolitik eingesetzt (vgl. Unterkapitel 5.3 und 5.4). Diese Ansätze werden laufend weiterentwickelt. Dazu bestehen gute Voraussetzungen, da in beiden Sektoren rechtliche Verankerungen in Vorbereitung sind oder bereits bestehen. Zweitens wird die NHB-Methodik in weiteren Politiksektoren kontextspezifisch eingebracht. Beispielsweise wird an der Integration der NHB beim wichtigsten Instrument der schweizerischen Raumplanung, der Richtplanung der Kantone, gearbeitet.

NHB-Ansätze werden auch bei Kantonen und Gemeinden verfolgt (ARE 2004d, BVE 2004). Es sind Bestrebungen im Gang, die bisher dezentral entwickelten Methoden und Instrumente – analog zum weiter oben erwähnten «Cercle indicateurs» – vermehrt abzustimmen und mit der nationalen NHB-Methode in Übereinstimmung zu bringen. Schliesslich sind auch private Initiativen auf dem Gebiet der Nachhaltigkeitsbeurteilung festzustellen, wie z.B. im Bauwesen (SIA 2004).

Prozessevaluation

Im Hinblick auf die Evaluation von Nachhaltigkeitsprozessen im Sinne von Lokalen Agenden 21 ist an die Qualitätskriterien zu erinnern, die in Unterkapitel 5.6 bei der Beschreibung der Aktivitäten von lokalen Gebietskörperschaften angesprochen wurden (ARE 2005c). Diese als Empfehlung und Hilfestellung an Kantone, Regionen und Gemeinden konzipierten Standards können auch zur Prozessbeurteilung eingesetzt werden. Sie enthalten überdies auch einen Wegweiser zu bestimmten bereits vorhandenen Instrumenten, mit denen einzelne Aspekte der Qualitätskriterien konkret evaluiert werden können.

7 Bilanz und Ausblick

Zum Abschluss soll aus einer schweizerischen Perspektive eine Bilanz über die bisher verfolgte Nachhaltigkeitspolitik gezogen und ein Ausblick auf die erforderlichen weiteren Schritte und politischen Reformen vorgenommen werden.

7.1 Wie nachhaltig ist die Schweiz?

Für die Bilanz können die verschiedenen Messinstrumente und –methoden für die Lageanalyse auf strategisch-politischer Ebene aus Kapitel 6 beigezogen werden. Insgesamt zeichnet sich ein widersprüchliches Bild der Schweiz. Zu den wichtigsten Erkenntnissen des MONET-Nachhaltigkeitsmonitorings gehört, dass in den meisten Lebensbereichen Ansätze zu Nachhaltiger Entwicklung vorhanden sind, gleichzeitig aber auch gegenläufige Trends festzustellen sind: Beispielsweise stehen einer steigenden Arbeitsproduktivität und steigenden Haushalteinkommen ein nur schleppender Abbau der Ungleichheiten zwischen Frau und Mann bezüglich beruflicher Stellung und Einkommen sowie mehr «Working Poor» gegenüber. Eine verbesserte Energieeffizienz, die in der Produktion von Gütern und Dienstleistungen und in der Volkswirtschaft insgesamt verzeichnet werden kann, ist begleitet von einer Zunahme des Gesamtenergieverbrauchs.

Eine weitere Ambivalenz zeigt sich darin, dass Verbesserungen in der Schweiz Verschlechterungen auf globaler Ebene gegenüberstehen. Schweizweit verbesserte sich die Luft- und Wasserqualität, während der für das globale Klimasystem bedeutsame CO_2-Ausstoss der Schweiz erst stabilisiert ist. Der zunehmenden Aussenhandelsverflechtung der Schweiz und der zunehmenden Reisetätigkeit der Schweizer Bevölkerung steht keine Erhöhung der Beiträge für die Entwicklungszusammenarbeit gegenüber.

Eine dritte Erkenntnis betrifft die Fairness zwischen den Generationen. Es deutet vieles darauf hin, dass die relativ positive Beurteilung der aktuellen Lage auf Kosten zukünftiger Generationen zustande kommt: Während sich heute viele Schweizerinnen und Schweizer einer hohen Arbeits- und Lebenszufriedenheit erfreuen, verfügen 20% der Jugendlichen über nicht einmal grundlegende, für die Gestaltung ihres künftigen Lebens wichtige Lesekompetenzen. Die hohe Zufriedenheit mit der

Wohnumgebung und die zunehmende Wohnfläche pro Person werden mit einem Siedlungsflächenzuwachs von 0,86 m^2 pro Sekunde erkauft, der grösstenteils auf Kosten von wertvollem Kulturland geht. Es ist schliesslich zu erwarten, dass die steigende Verschuldungsquote der öffentlichen Haushalte den Handlungsspielraum kommender Generationen einschränkt.

Verschiedene nachhaltigkeitsbezogene Länderrankings wie «Wellbeing of Nations» oder der «Environmental Sustainability Index» (ESI) zeigen, dass sich die Schweiz im internationalen Vergleich meist auf Spitzenrängen befindet, aber im Zeitverlauf zurückfällt. Auch dürfen die Augen nicht vor der Tatsache verschlossen werden, dass die Schweiz in absoluter Hinsicht weit von einem nachhaltigen Zustand entfernt ist. Dies verdeutlicht vorab der ökologische Fussabdruck, der uns daran erinnert, dass die Schweiz rund dreimal so viele Umweltleistungen und Ressourcen verbraucht wie in globaler Hinsicht dauerhaft verträglich wäre. Hinzu kommen die rasch wachsenden Ansprüche in den Ländern des Südens und vor allem in den Schwellenländern, so dass sich die Anspruchskonflikte um Umweltgüter und Ressourcen verschärfen und die Notwendigkeit einer Verbrauchsreduktion durch Länder wie die Schweiz weiter ansteigt.

7.2 Reformen für einen nachhaltigeren Entwicklungspfad

In Unterkapitel 3.5 wurden die Determinanten von nachhaltigen Entwicklungsprozessen diskutiert. Nachhaltige Entwicklung ist nicht allein durch technische Interventionen zu erreichen, sondern erfordert auf vielen Ebenen Anstrengungen: in der Politik und in ihren verschiedenen Sektoren, bei den Institutionen, auf unterschiedlichen staatlichen Ebenen (von lokal bis global) und nicht zuletzt – jenseits der staatlichen Sphäre – in der Gesellschaft, in den Werten, Denk- und Handlungsmustern der Menschen. Die nachfolgend formulierten Handlungsstossrichtungen nehmen diese Aspekte auf und stützen sich auf einschlägige Forschungen und Grundlagenarbeiten (vgl. insbesondere IDARio 2001 und 2003, Häberli u.a. 2002, Minsch u.a. 1998, Wuppertal Institut 2005).

Wirtschafts- und Finanzpolitik

Unter dem Druck der fortlaufenden Globalisierung sind auch in der Schweiz Liberalisierungen unumgänglich. Entscheidend ist ein gut funktionierendes Regelwerk, welches aber nicht allein einseitig wirtschaftlichen Anliegen Rechnung trägt, sondern die für eine langfristig gedeihliche Entwicklung unerlässlichen sozialen und ökologischen Erfordernisse respektiert.

Aus der ökologischen Perspektive der Nachhaltigen Entwicklung sollten von der Wirtschaftspolitik über die Vermittlung von Anreizen und durch die Entwicklung geeigneter Rahmenbedingungen verstärkte Innovationsimpulse für eine Modernisierung auf ökologischer Basis ausgehen. Veränderungen in der Wirtschafts- und Finanzpolitik gehören zu den wirksamsten Massnahmen für eine Politik der Nachhaltigen Entwicklung. Ein Hauptziel ist die Einführung der tatsächlichen Kosten für Energie, Mobilität, Entsorgung, Raum- und Ressourcenverbrauch, indem direkte und indirekte Subventionen abgebaut und die externen Kosten internalisiert werden. Ein Kernanliegen stellt dabei die ökologische Steuerreform dar, die durch systematische Verlagerung der Steuerlast von der Arbeit auf Energie und andere natürliche Ressourcen zur Entkoppelung von wirtschaftlicher Entwicklung und Umweltverbrauch beiträgt. Wissenschaftliche Untersuchungen zeigen, dass die wirtschaftlichen Auswirkungen einer ökologischen Steuerreform gering bis unter Umständen positiv sind, weshalb von einer doppelten Dividende gesprochen wird (Ecoplan 1999, Meier u.a. 1998). Den Vorreitern einer Politik der Kostenwahrheit bietet sich die Chance zur Nutzung der Nachhaltigkeit als Wettbewerbsvorteil. Durch Kostenwahrheit entstehen Anreize zur Steigerung der Umwelteffizienz, womit sich auch Kosten einsparen lassen. Und der technische Fortschritt wird in die Richtung von nachhaltigen Produkten und Prozessoptimierungen gelenkt. Umwelttechnologie und Umweltmärkte bieten wirtschaftliche Potenziale (BUWAL 2005a und 2005b). Aus Sicht der sozialen Dimension der Nachhaltigen Entwicklung sind die Überlegungen zu vertiefen, wie Grundversorgungsanliegen bei Reformen wie Liberalisierungen und Privatisierungen im Infrastrukturbereich, im Bildungssektor oder in den Sozialversicherungen gewährleistet werden können. Insgesamt gilt es, die Bemühungen für eine verbesserte Wettbewerbsfähigkeit der Schweiz weiterzuführen und gleichzeitig diejenigen um eine nachhaltigere Ausgestaltung der schweizerischen Wirtschaftspolitik zu verstärken.

Umwelt- und Infrastrukturpolitik

Trotz Erfolgen durch technische Effizienzgewinne und Umweltschutzmassnahmen bleiben etwelche Umweltprobleme ungelöst. Problematisch bleibt die Entwicklung nach wie vor bei den CO_2-Emissionen, die massgeblich zur Klimaerwärmung beitragen. Auch wegen wachsenden Unsicherheiten in Bezug auf die Energieverfügbarkeit in der Zukunft muss die Energiepolitik die Anstrengungen in die Richtung von Effizienzerhöhung und Verbrauchsreduktion verstärken. Für den Restbedarf ist der Anteil der erneuerbaren Energieträger zu erhöhen. Da der durch den Menschen ausgelöste Klimawandel voraussichtlich nicht mehr gänzlich abgewendet werden kann, gewinnt auch die Vorbereitung auf die Folgen, wie z.B. höhere Naturgefahren, an Bedeutung.

Der Materialverbrauch ist durch langlebige Produkte und die Förderung des Rezyklierens zu senken. Dabei ist speziell auch das Bauwesen angesprochen. Wegen der hohen Material- und Energieflüsse ist dessen Einbindung in die Politik der Nachhaltigen Entwicklung unerlässlich. Trotz positiven Effekten der Agrarreform hat sich die Artenvielfalt im Kulturland noch nicht genügend verbessert. Biologische Vielfalt in der Land- und Forstwirtschaft sollte daher stärker gewichtet werden. Die Anforderungen an die Qualität der ökologischen Ausgleichsflächen sollten erhöht werden.

Der anhaltende Boden- und Kulturlandverlust durch die Siedlungs- und Verkehrsentwicklung verlangt eine Stärkung der Raumordnungspolitik. Die fortschreitende Zersiedelung der Landschaft erschwert eine ressourcenschonende Organisation des Verkehrs sowie die Erhaltung und Weiterentwicklung urbaner Qualität. Dadurch ergeben sich Nachteile im internationalen Standortwettbewerb. Schliesslich ist das stetig wachsende Verkehrsaufkommen eine zentrale Herausforderung für die Nachhaltige Entwicklung. Technische und betriebliche Möglichkeiten zur Optimierung der Infrastrukturen, Fahrzeuge und Treibstoffe sind so auszunützen, dass die Umweltbelastungen absolut gesenkt werden können. Der Anteil des öffentlichen Verkehrs sowie des Langsamverkehrs ist zu erhöhen. Ausserdem gilt es, die Eigenwirtschaftlichkeit und die Kostenwahrheit der einzelnen Verkehrsträger zu verbessern.

Gesellschaftliche Kohäsion

Eine nachhaltige gesellschaftliche Entwicklung basiert auf einer solidarischen und gerechten Gesellschaft. Zahlreiche Entwicklungen setzen den gesellschaftlichen Zusammenhalt – bezüglich der sozialen Schichtung, aber auch der verschiedenen Sprach- und Kulturgemeinschaften – einer Belastung aus. Die demografische Alterung, die Veränderung der Haushaltstrukturen durch die Zunahme von Einzelhaushalten und kinderlosen Ehepaaren, der Wandel der Lebensläufe, Lebensformen und Geschlechterrollen, steigende Trennungs- und Scheidungsraten und die Migration und Integration von ausländischen Personen haben vielfältige Auswirkungen u.a. auf die Finanzierung und die Kostenentwicklung der Sozialversicherungen, den Arbeitsmarkt, das Bildungswesen und den Wohnungsmarkt. Daneben stellen die Entwicklungen von Kriminalität und Gewalt die öffentliche Sicherheit vor neue Herausforderungen. Angesichts der angespannten Finanzlage des Staates infolge steigender Sozialausgaben können nachhaltige Lösungen auf dem Gebiet der gesellschaftlichen Kohäsion nicht allein in einem quantitativen Ausbau von staatlichen Programmen liegen. Reformen sind notwendig, welche die Kostenentwicklung und –verlagerung auf künftige Generationen unter Kontrolle bringen und die Selbstverantwortung der Menschen stärken, dabei aber den wirklich Bedürftigen die notwendigen Leistungen nicht vorenthalten. Die demografische Alterung und ein eventueller späterer Bevölkerungsrückgang sind aus Nachhaltigkeitssicht nicht zu bedauern, weil damit mittelfristig die Belastung des Naturraumes vermindert wird. Damit dies für die Jungen nicht zu einer übermässigen finanziellen Belastung wird, muss der Herausforderung mit einer Politik begegnet werden, welche den älteren Menschen ermöglicht, länger im Erwerbsleben zu bleiben und aktiv am gesellschaftlichen Leben teilzunehmen.

Internationale Beziehungen

Nachhaltige Entwicklung als globale Herausforderung kann nur im Verbund mit der internationalen Gemeinschaft realisiert werden. Die Schweiz muss ihre Verantwortung für die globalen Armuts- und Umweltprobleme wahrnehmen. Trotz der bisher bescheidenen Erfolge in Bezug auf die Schaffung eines kohärenten globalen institutionellen Regimes für die Nachhaltigkeitspolitik sind die Anstrengungen auf multilateraler, aber auch bilateraler Ebene weiterzuführen. Die Nachhaltige Entwicklung ist in den multilateralen Institutionen und Prozessen besser zu verankern und wird am besten durch internationale Umweltabkommen und eine Verankerung innerhalb der Welthandelsorganisation (WTO) gefördert. Durch eine aktive Mitarbeit können engagierte Länder zur Entwicklung sozialer und ökologischer Regeln beitragen. Die Schweiz muss auch ihre finanziellen Leistungen für die Entwicklungszusammenarbeit, mit 0,41% (2004) des Bruttovolkseinkommens weit vom von der UNO geforderten Wert von 0,7% entfernt, erhöhen. Da Frieden und Sicherheit zentrale Voraussetzungen für die Nachhaltige Entwicklung sind, gilt es ferner die Konfliktprävention, die Friedenssicherung und –förderung sowie den Wiederaufbau zu verstärken.

Institutionelle Reformen

Um Langfristorientierung, Folgenbewusstsein und eine konsequente Befolgung des Vorsorgeprinzips zu fördern, sind institutionelle Reformen im politischen System voranzutreiben. Die Prinzipien der Nachhaltigen Entwicklung müssten in der strategischen politischen Planung und Steuerung verstärkt verankert werden. Prozesse wie die Legislaturplanung oder die Geschäftsberichterstattung der Regierung müssten vermehrt nachhaltigkeitsorientiert konzipiert werden. Ein offener Dialog mit Nichtregierungsorganisationen und verwaltungsexterne Beratungsorgane, wie z.B. ein Nachhaltigkeitsrat, könnten dies begleitend unterstützen. Wichtig ist ferner die Weiterentwicklung der Zusammenarbeit zwischen Bund, Kantonen, Regionen und Gemeinden zur Stärkung des wechselseitig befruchtenden Gegenstromprinzips. Die Nachhaltige Entwicklung braucht auch ein methodisches Instrumentarium. Ein zentrales Anliegen ist die offene Berichterstattung über die Zielerreichung und die Wirksamkeit der Politik der Nachhaltigen Entwicklung. Die bestehenden Ansätze in der Nachhaltigkeitsevaluation sind weiterzuführen, zur Integration der Nachhaltigen Entwicklung in alle Politikbereiche ist die Methodik der Nachhaltigkeitsbeurteilung verstärkt anzuwenden.

Werte, Denk- und Handlungsmuster

Indem Menschen auf eine bestimmte Weise handeln, bilden sich in der Gesellschaft Ordnungs- und Handlungsmuster. Diese können verändert werden, wenn Menschen anders als bisher üblich handeln. Wenn sie sich beispielsweise konsequent für ökologische Produkte entscheiden, tragen sie zu einer Ökologisierung des Marktes bei. Oder wenn sie als Mitarbeitende und Verantwortliche in Unternehmen die Einführung eines Nachhaltigkeitsmanagements fordern und durchsetzen, verändern sie die Arbeitsprozesse in ihren Organisationen. Werte und Denkmuster lassen sich in Lernprozessen verändern. Gesellschaftliche Diskurse zu ethischen Fragen sind zu fördern. Mit der Förderung von Bürgerforen, Konsensuskonferenzen, Partizipationsprozessen, Nachhaltigkeitsräten werden Lernprozesse ausgelöst. Lokale Agenden 21 können dabei eine wichtige Rolle einnehmen. Von zentraler Bedeutung ist schliesslich die Bildung. Auf allen Stufen der Ausbildung sollte die Nachhaltige Entwicklung integriert werden, um das Bewusstsein für die Herausforderungen und Handlungsmöglichkeiten zu stärken.

Quellenangaben und weiterführende Literatur

ARE Bundesamt für Raumentwicklung, Institut des Hautes Etudes en Administration Publique IDHEAP (2003): Bestandesaufnahme der Prozesse der Nachhaltigen Entwicklung auf Gemeindeebene. Bern

ARE Bundesamt für Raumentwicklung (2004a): Nachhaltigkeitsbeurteilung: Rahmenkonzept und methodische Grundlagen. Bern

ARE Bundesamt für Raumentwicklung (2004b): Fragen im Zusammenhang mit den Nachhaltigkeitsbestimmungen in der neuen Bundesverfassung – Rechtsgutachten. Bern (unveröffentlicht)

ARE Bundesamt für Raumentwicklung (2004c): Bestandesaufnahme der Prozesse der Nachhaltigen Entwicklung auf Kantonsebene. Bern

ARE Bundesamt für Raumentwicklung (2004d): Instrumente der Nachhaltigkeitsbeurteilung: Bestandesaufnahme und Orientierungshilfe. Bern

ARE Bundesamt für Raumentwicklung (2005a): Raumentwicklungsbericht 2005. Bern

ARE Bundesamt für Raumentwicklung (2005b): Nationale Förderung der Lokalen Agenden 21 in Europa. Bern

ARE Bundesamt für Raumentwicklung (2005c): Qualitätskriterien für Nachhaltigkeitsprozesse – Orientierungshilfe für die Akteure der Nachhaltigen Entwicklung in den Gemeinwesen. Bern

Beese F.O. (2004): Ernährungssicherheit als Produktions- bzw. Verteilungsproblem. Materialien des wissenschaftlichen Beirates der Bundesregierung Globale Umweltveränderungen. Berlin

BFE Bundesamt für Energie (jährlich): Schweizerische Gesamtenergiestatistik. Bern

BFK Bundesamt für Konjunkturfragen (1985): Qualitatives Wachstum. Schlussbericht der Expertenkommission «Qualitatives Wachstum» des Eidg. Volkswirtschaftsdepartements. BFK-Studie Nr. 9. Bern

BFS Bundesamt für Statistik (2002): Umwelt Schweiz – Statistiken und Analysen. Neuchâtel

BFS Bundesamt für Statistik, Bundesamt für Umwelt, Wald und Landschaft BUWAL, Bundesamt für Raumentwicklung ARE (2003a): Nachhaltige Entwicklung in der Schweiz – Indikatoren und Kommentare. Neuchâtel

BFS Bundesamt für Statistik, Bundesamt für Umwelt, Wald und Landschaft BUWAL, Bundesamt für Raumentwicklung ARE (2003b): MONET Monitoring der Nachhaltigen Entwicklung in der Schweiz – Schlussbericht, Methoden und Resultate. Neuchâtel

BFS Bundesamt für Statistik, Bundesamt für Raumentwicklung ARE, Bundesamt für Umwelt, Wald und Landschaft BUWAL (2005): Nachhaltige Entwicklung in Kürze – 17 Schlüsselindikatoren zeigen den Fortschritt. Neuchâtel

BLW Bundesamt für Landwirtschaft (2005): Agrarbericht 2005. Bern

Borgmann C., Raffelhüschen B. (2004): Zur Entwicklung der Nachhaltigkeit der schweizerischen Fiskal- und Sozialpolitik: Generationenbilanzen 1995-2001. Strukturberichterstattung Nr. 25. Bern

Brouns B., Ott H.E. (2005): Taking the Lead: Post-2012 Climate Targets for the North. Wuppertal Papers Nr. 155. Wuppertal

Brugger E.A., Frey R.L. (2005): Nachhaltige Altersvorsorge Schweiz NAVOS. Zürich

Bürgenmeier B. (2004): Economie du développement durable. Brüssel

Busch-Lüty C. (1995): Welche politische Kultur braucht nachhaltiges Wirtschaften? In: Dürr H.-P., Gottwald F.-T. (Hrsg.): Umweltverträgliches Wirtschaften. Münster

BUWAL Bundesamt für Umwelt, Wald und Landschaft (2002): Umwelt Schweiz 2002 – Politik und Perspektiven. Bern

BUWAL Bundesamt für Umwelt, Wald und Landschaft (2005a): Wirtschaftliche Dimensionen der Umweltpolitik – Synthese von Forschungsberichten zu den Wechselwirkungen zwischen Wirtschaft und Umwelt. Schriftenreihe Umwelt Nr. 385. Bern

BUWAL Bundesamt für Umwelt, Wald und Landschaft (2005b): Auswirkungen des Umweltschutzes auf BIP, Beschäftigung und Unternehmen. Umwelt-Materialien Nr. 197. Bern

BUWAL Bundesamt für Umwelt, Wald und Landschaft (2005c): Wachstum und Umweltbelastung: Findet eine Entkoppelung statt? Umwelt-Materialien Nr. 198. Bern

BUWAL Bundesamt für Umwelt, Wald und Landschaft (2005d): Wettbewerb und Umweltpolitik in einer globalisierten Wirtschaft. Umwelt-Materialien Nr. 199. Bern

BUWAL Bundesamt für Umwelt, Wald und Landschaft (2005e): Finanzmärkte und Umwelt. Umwelt-Materialien Nr. 200. Bern

BUWAL Bundesamt für Umwelt, Wald und Landschaft (2005f): Konsequente Umsetzung des Verursacherprinzips. Umwelt-Materialien Nr. 201. Bern

BUWAL Bundesamt für Umwelt, Wald und Landschaft (2005g): Evaluation der bisherigen Umweltpolitik. Umwelt-Materialien Nr. 202. Bern

BUWAL Bundesamt für Umwelt, Wald und Landschaft (2005h): Umweltbelastung senken und trotzdem wachsen. In: Umwelt Nr. 4/05, S. 26-30

BVE Bau-, Verkehrs- und Energiedirektion des Kantons Bern (2004): Nachhaltigkeitsbeurteilung – Einführung und Leitfaden. Bern

Campbell J.C. (1997): The Coming Oil Crisis. Brentwood

Campbell J.C. (2005): The Assessment and Importance of Oil Depletion. In: McKillop A. / Newman S., S. 29–55

Campbell J.C., Laherrere J.H. (1995): The World's Oil Supply 1930-2050. Genève
Catton W.R. (1980): Overshoot – The Ecological Basis of Revolutionary Change. Chicago
CEQ Council on Environmental Quality (1980): Global 2000 – der Bericht an den Präsidenten. Frankfurt a.M.
Cercle indicateurs (2005): Kernindikatoren für die Nachhaltige Entwicklung in Städten und Kantonen – Bericht des Cercle indicateurs. Bern
Chambers N., Simmons C., Wackernagel M. (2000): Sharing Nature's Interest – Ecological Footprints as an Indicator of Sustainability. London
Cordonier Segger M.-C., Khalfan A. (2004): Sustainable Development Law. Oxford
Daly H.E. (1973): Toward a Steady State Economy. San Francisco
Daly H.E. (1996): Beyond Growth. Boston
Daly H.E. Farley J. (2004): Ecological Economics – Principles and Applications. Washington D.C.
DEZA Direktion für Entwicklung und Zusammenarbeit, Bundesamt für Raumentwicklung ARE (2004): Die Nachhaltige Entwicklung in der Schweiz – Methodische Grundlagen. Bern
Diamond J. (2005): Collapse – How Societies Choose to Fail or Succeed. New York
Di Giulio A. (2003): Die Idee der Nachhaltigkeit im Verständnis der Vereinten Nationen – Anspruch, Bedeutung und Schwierigkeiten. Münster, Hamburg, Berlin, London
Econcept, Infras, Prognos (1996): Die vergessenen Milliarden. Bern
Ecoplan (1999): Ökologische und wirtschaftliche Auswirkungen der neuen Finanzordnung mit ökologischen Anreizen. Studie im Auftrag der Eidgenössischen Finanzverwaltung und des Bundesamtes für Umwelt, Wald und Landschaft. Bern
Ecoplan (2000): Siedlungsentwicklung und Infrastrukturkosten. Studie im Auftrag des Bundesamtes für Raumentwicklung, des Staatssekretariates für Wirtschaft und des Amtes für Gemeinden und Raumordnung des Kantons Bern. Bern
Ecoplan, Factor Consulting + Management AG (2001): Nachhaltigkeit – Kriterien und Indikatoren für den Energiebereich. Studie im Auftrag des Bundesamtes für Energie. Bern
Elias J. (2001): Ist unsere Finanz- und Sozialpolitik nachhaltig? Eine erste Generationenbilanz für die Schweiz. In: Die Volkswirtschaft Heft 6/2001, S. 28-35
Ellipson (2006): Energieperspektive 2050 der Umweltorganisationen. Studie im Auftrag von Greenpeace, Schweizerische Energiestiftung, Verkehrs-Club der Schweiz und WWF Schweiz. Basel

European Commission (2002): Communication from the Commission on Impact Assessment. Brüssel

European Commission (2005a): Communication from the Commission on Better Regulation for Growth and Jobs in the European Union. Brüssel

European Commission (2005b): Impact Assessment Guidelines. Brüssel

Flannery T. (2005): The Weather Makers – How Man is Changing the Climate and What it Means for Life on Earth. Melbourne

Häberli R., Gessler R., Grossenbacher-Mansuy W., Lehmann Pollheimer D. (2002): Vision Lebensqualität – Synthesebericht des Schwerpunktprogramms Umwelt. Zürich

Heinberg R. (2003): The Party's Over – Oil, War and the Fate of Industrial Societies. Gabriola Island

Holliday C.O., Schmidheiny S., Watts Ph. (2002): Walking the Talk – the Business Case for Sustainable Development. Sheffield

IDARio Interdepartementaler Ausschuss Rio (2000): Überblick über den Stand der Umsetzung der Strategie «Nachhaltige Entwicklung in der Schweiz». Bern

IDARio Interdepartementaler Ausschuss Rio (Hrsg.) (2001): Politik der Nachhaltigen Entwicklung in der Schweiz: Standortbestimmung und Perspektiven. Zürich

IDARio Interdepartementaler Ausschuss Rio (2003): Nachhaltige Entwicklung in der Schweiz: Bilanz und Perspektiven 2004. Bern

IISD International Institute for Sustainable Development (1997): Assessing Sustainable Development – Principles in Practice. Winnipeg

Infras (2006): Der ökologische Fussabdruck der Schweiz. Studie im Auftrag von: Bundesamt für Statistik, Bundesamt für Raumentwicklung, Direktion für Entwicklung und Zusammenarbeit, Bundesamt für Umwelt. Neuchâtel

Infras, Institut für Orts-, Regional- und Landesplanung der ETH Zürich ORL / Communauté d'Etudes en Aménagement du Territoire C.E.A.T. (2001): Kantonale Richtplanung und Nachhaltige Entwicklung. Studie im Auftrag des Bundesamtes für Raumentwicklung. Bern

Interface, Evaluanda (2006): Evaluation der «Strategie Nachhaltige Entwicklung 2002» des schweizerischen Bundesrates. Luzern, Genf

IPCC Intergovernmental Panel on Climate Change (2001): Climate Change 2001: The Impacts, Adaptation, and Vulnerability. Cambridge

ISO International Organization for Standardization (2002): Environmental Management - The ISO 14000 Family of International Standards. Genf

Kissling-Näf I., Varone F. (Hrsg.) (2000): Institutionen für eine nachhaltige Ressourcennutzung. Zürich

Linz M. (2004): Weder Mangel noch Übermass – Über Suffizienz und Suffizienzforschung. Wuppertal Papers Nr. 145. Wuppertal

Lomborg B. (2001): The Skeptical Environmentalist – Measuring the Real State of the World. Cambridge

Longet R. (2005): La planète, sauvetage en cours – Le développement durable: des accords mondiaux à l'action locale. Lausanne

Luks F. (2002): Nachhaltigkeit. Hamburg

Mayumi K. (1991): Temporary Emancipation from Land: From the Industrial Revolution to the Present Time. In: Ecological Economics Nr. 4, S. 35-56

McCluney (2005): Renewable Energy Limits. In: McKillop A., Newman S., S. 153-175

McKillop A., Newman S. (2005): The Final Energy Crisis. London, Ann Arbor

Meadows D., Meadows D., Randers J. (1992): Die neuen Grenzen des Wachstums. Stuttgart

Meadows D., Meadows D., Zahn E., Milling P. (1972): Die Grenzen des Wachstums. Stuttgart

Meadows D., Randers J., Meadows D. (2004): Limits to Growth – The 30-Years Update. White River Junction

Meier R., Messerli P., Stephan G. (Hrsg.) (1998): Ökologische Steuerreform für die Schweiz. Chur, Zürich

Minsch J. (1993): Nachhaltige Entwicklung: Ideen, Kernpostulate. IWÖ-Diskussionbeiträge Nr. 14. St.Gallen

Minsch J., Feindt P.-H., Meister H.-P., Schneidewind U., Schulz T. (1998): Institutionelle Reformen für eine Politik der Nachhaltigkeit. Berlin

Niestroy I. (2005): Sustaining Sustainability – a Benchmark Study on National Strategies towards Sustainable Development and the Impact of Councils in nine EU Member States. EEAC (European Environment and Sustainable Development Advisory Councils Network) Series Background Study No. 2. Den Haag

Novatlantis (2002): Steps toward a 2000 Watt Society. Zürich

OECD Organization for Economic Co-operation and Development (2000): Towards Sustainable Development Indicators to Measure Progress. Paris

OECD Organization for Economic Co-operation and Development (2001): Environmental Outlook. Paris

OECD Organization for Economic Co-operation and Development (2002a): Sustainable Development Strategies – a Resource Book. Paris

OECD Organization for Economic Co-operation and Development (2002b): Overview of Sustainable Development Indicators Used by National and International Agencies. Paris

OECD Organization for Economic Co-operation and Development (2004): Economic Survey - Switzerland 2003. Paris

OECD Organization for Economic Co-operation and Development (2005a): OECD Factbook 2005: Economic, Environmental and Social Statistics. Paris

OECD Organization for Economic Co-operation and Development (2005b): Measuring Sustainable Development. Statistics Brief No. 10. Paris
ÖIN Österreichisches Institut für Nachhaltige Entwicklung (2003): Reporting about Sustainability – In 7 Schritten zum Nachhaltigkeitsbericht. Wien
Oetterli J., Perret F.-L., Walter F. (2001): Bausteine für eine nachhaltige Mobilität. Gesamtsynthese des NFP 41 «Verkehr und Umwelt». Bern
Pearce D.W. (1993): Blueprint 3: Measuring Sustainable Development. London.
Pearce D.W., Turner R.K. (1990): Economics of Natural Resources and the Environment. London
Pearce D.W., Warford J.J. (1993): World without End – Economics, Environment and Sustainable Development. Oxford
Pezzey J. (1989): Economic Analysis of Sustainable Growth and Sustainable Development. World Bank Environment Department Working Paper No. 15. Washington D.C.
Pfister C. (Hrsg.) (1995): Das 1950er Syndrom: der Weg in die Konsumgesellschaft. Bern
Ponting C. (1991): A Green History of the World. Harmondsworth
Prescott-Allen R. (2001): The Wellbeing of Nations. Washington D.C.
Prognos (1999): Mehr Arbeitsplätze durch ökologisches Wirtschaften? Eine Untersuchung für Deutschland, die Schweiz und Österreich. Studie im Auftrag von Greenpeace. Köln
Radermacher F.J. (2002): Balance oder Zerstörung – ökosoziale Marktwirtschaft als Schlüssel zu einer weltweiten Nachhaltigen Entwicklung. Wien
Redefining Progress (2004): The Genuine Progress Indicator 1950-2002 (2004 Update). Oakland
Roch Ph., Perrez F.X. (2005): International Environmental Governance: the Strive Towards a Comprehensive, Coherent, Effective and Efficient International Environmental Regime. In: Colorado Journal of International Environmental Law and Policy Vol. 16 No. 1, S. 1–25
Sachs I. (1990): Stratégie de l'écodéveloppement. Paris
Sachs I. (1997): L'écodéveloppement. Paris
Sachs W. (2002): Nach uns die Zukunft – der globale Konflikt um Gerechtigkeit und Ökologie. Frankfurt a.M.
Sampson G.P. (2005): The WTO and Sustainable Development. Tokyo, New York, Paris
SATW Schweizerische Akademie der Technischen Wissenschaften (2004): Thesen zur nachhaltigen Energieversorgung. Bern
Scheer H. (1999): Solare Weltwirtschaft – Strategie für eine ökologische Moderne. München
Schiesser W. (1999): Dilemma Nachhaltigkeit. In: Neue Zürcher Zeitung, Ausgabe vom 23. März 1999

Schmidheiny S. (1992): Kurswechsel – Globale unternehmerische Perspektiven für Entwicklung und Umwelt. München
Schmidt-Bleek F. (2000): Das MIPS-Konzept – Weniger Naturverbrauch, mehr Lebensqualität durch Faktor 10. München
Schweizerischer Bundesrat (1996): Bericht über die Grundzüge der Raumordnung Schweiz. Bern
Schweizerischer Bundesrat (2000): Aussenpolitischer Bericht 2000. Bern
Schweizerischer Bundesrat (2001): 10 Jahre nach Rio – Die Schweiz auf dem Weg zu einer Politik der Nachhaltigen Entwicklung. Bericht an das Sekretariat der Commission on Sustainable Development. Bern
Schweizerischer Bundesrat (2002): Strategie Nachhaltige Entwicklung 2002. Bern
Schweizerischer Bundesrat (2004): Bericht zur Aussenwirtschaftspolitik 2004. Bern
Schweizerischer Bundesrat (2005): Bericht zur Aussenwirtschaftspolitik 2005. Bern
seco Staatssekretariat für Wirtschaft (Hrsg.) (2002): Economic Growth and Sustainable Development: Trade-off or Win-win-win Situation? Grundlagen der Wirtschaftspolitik Nr. 4. Bern
Senti R. (2006): Die WTO im Spannungsfeld zwischen Handel, Gesundheit, Arbeit und Umwelt. Baden-Baden
Serageldin I., Steer A. (Hrsg.) (1994): Making Development Sustainable – from Concept to Action. World Bank Environmentally Sustainable Development Occasional Paper Series No. 2. Washington, D.C.
SIA Schweizerischer Ingenieur- und Architektenverein (2004): Empfehlung SIA 112/1 Nachhaltiges Bauen – Hochbau. Zürich
Siebert H. (1978): Ökonomische Theorie der Umwelt. Tübingen
Sieferle R.P. (1982): Der unterirdische Wald – Energiekrise und industrielle Revolution. München
Tainter J.A. (1988): The Collapse of Complex Societies. Cambridge
Thierstein A., Lambrecht M. (1997): Raumordnung und Nachhaltige Entwicklung – Handlungsansätze für eine nachhaltige Raumentwicklung in der Schweiz. Studie im Auftrag des Bundesamtes für Raumplanung. Bern
Ulrich P. (2001): Integrative Wirtschaftsethik – Grundlagen einer lebensdienlichen Ökonomie. Bern, Stuttgart, Wien
UNEP United Nations Environment Programme (Hrsg.) (2005): Millennium Ecosystem Assessment – Ecosystems and Human Wellbeing: Synthesis. Washington, D.C.
United Nations (1996): Indicators of Sustainable Development – Framework and Methodologies. New York
Verein Lokale Agenda 21 (2001a): Handbuch Lokale Agenda 21. Bern

Verein Lokale Agenda 21 (2001b): Grosses fängt im Kleinen an – Leitfaden für eine Lokale Agenda 21. Bern

Vester F. (2002): Die Kunst vernetzt zu denken – Ideen und Werkzeuge für einen neuen Umgang mit Komplexität. München

Von Weizsäcker E.U., Lovins A. und Lovins M. (1995): Faktor vier – Doppelter Wohlstand, halbierter Naturverbrauch. München

Wachter D. (1993): Bodenmarktpolitik. Bern

Wachter D. (2000): Nachhaltige Nutzung des Bodens in der Schweiz: Stand und Perspektiven aus Sicht des Bundesamtes für Raumentwicklung. In: Kissling-Näf I., Varone F., S. 25-42

Wachter D. (2002): Schweiz – eine moderne Geographie. Zürich

Wackernagel M., Rees W. (1996): The Ecological Footprint – Reducing Human Impact on the Earth. Gabriola Island

WCED World Commission on Environment and Development (1987): Our Common Future. Oxford

World Bank (1992): Development and the Environment. World Development Report 1992. Washington D.C.

World Bank (2003): Sustainable Development in a Dynamic World. World Development Report 2003. Washington D.C.

Wuppertal Institut für Klima, Umwelt, Energie (2005): Fair Future – Begrenzte Ressourcen und globale Gerechtigkeit. München

WWF, Global Footprint Network (2004): Living Planet Report 2004. Gland

WWF, SBN, Greenpeace, SGU, SES, Erklärung von Bern, Arbeitsgemeinschaft Swissaid/Fastenopfer/Brot für alle/Helvetas/Caritas (Hrsg.) (2000): Quantitative Aspekte einer zukunftsfähigen Schweiz. Zürich

Yale Center for Environmental Law and Policy, Center for International Earth Science Information Network CIESIN (2005): 2005 Environmental Sustainability Index – Benchmarking National Environmental Stewardship. New Haven, New York

Kompaktwissen

www.kompaktwissen.ch

Vielfalt und Menge der gedruckten Informationen nehmen von Tag zu Tag zu, die verfügbare Zeit der potentiellen Leserschaft, sich mit komplizierten Sachverhalten und aktuellen Forschungsresultaten auseinander zu setzen, nimmt aber tendenziell ab. Daher steigt die Nachfrage nach intelligenten, konzisen und leicht verständlichen Sachbüchern, welche die wichtigen Informationen aus einem bestimmten Gebiet oder über einen bestimmten Sachverhalt prägnant zusammenfassen.

Die neue Taschenbuchreihe KOMPAKTWISSEN CH zu spezifisch schweizerischen Themen und Sachgebieten will diese Lücke schliessen. Einer Enzyklopädie ähnlich fassen die Taschenbücher Themen oder Forschungsresultate in für Laien verständlicher Form zusammen. Es sind vorerst vier bis sechs Veröffentlichungen pro Jahr angestrebt.

Bereits erschienen:

Kompaktwissen «Volkswirtschaft Schweiz»

Alain M. Schönenberger,
Milad Zarin-Nejadan
167 Seiten, Taschenb. (2005)
ISBN-10: 3-7253-0807-1
ISBN-13: 978-3-7253-0807-1
Fr. 22.00 / EUR 14.10 (D)